A IMITAÇÃO
DA BEM-AVENTURADA
VIRGEM MARIA

Dados Internacionais de Catalogação na Publicação (CIP)
(Câmara Brasileira do Livro, SP, Brasil)

Kempis, Tomás de, 1380-1471
  A imitação da Bem-aventurada Virgem Maria / Tomás de Kempis ; tradução de Gentil Avelino Titton. – Petrópolis, RJ : Vozes, 2024.

  Título original: L'imitation de la Vierge Marie
  ISBN 978-85-326-6804-2

  1. Cristianismo 2. Espiritualidade 3. Maria, Virgem, Santa – Teologia 4. Oração I. Título.

23-186228   CDD-232.91

Índices para catálogo sistemático:
1. Maria, Virgem, Santa : Devoção : Mariologia   232.91

Eliane de Freitas Leite – Bibliotecária - CRB 8/8415

TOMÁS DE KEMPIS

A IMITAÇÃO
DA BEM-AVENTURADA
VIRGEM MARIA

Tradução de textos originais de
Tomás de Kempis, com uma homília do
Padre Albin de Cigala após cada capítulo,
por Gentil Avelino Titton

Petrópolis

Tradução do original em francês intitulado *L'imitation de la vierge Marie*

© desta tradução:
2024, Editora Vozes Ltda.
Rua Frei Luís, 100
25689-900 Petrópolis, RJ
www.vozes.com.br
Brasil

Todos os direitos reservados. Nenhuma parte desta obra poderá ser reproduzida ou transmitida por qualquer forma e/ou quaisquer meios (eletrônico ou mecânico, incluindo fotocópia e gravação) ou arquivada em qualquer sistema ou banco de dados sem permissão escrita da editora.

CONSELHO EDITORIAL

Diretor
Volney J. Berkenbrock

Editores
Aline dos Santos Carneiro
Edrian Josué Pasini
Marilac Loraine Oleniki
Welder Lancieri Marchini

Conselheiros
Elói Dionísio Piva
Francisco Morás
Gilberto Gonçalves Garcia
Ludovico Garmus
Teobaldo Heidemann

Secretário executivo
Leonardo A.R.T. dos Santos

PRODUÇÃO EDITORIAL

Aline L.R. de Barros
Marcelo Telles
Mirela de Oliveira
Otaviano M. Cunha
Rafael de Oliveira
Samuel Rezende
Vanessa Luz
Verônica M. Guedes

Conselho de projetos editoriais
Isabelle Theodora R.S. Martins
Luísa Ramos M. Lorenzi
Natália França
Priscilla A.F. Alves

Diagramação: Littera Comunicação e Design
Revisão gráfica: Anna Carolina Guimarães
Capa: Lara Gomes
Imagem de capa: Pietà, de Michelangelo. Basílica de São Pedro, Vaticano.

ISBN 978-85-326-6804-2

Este livro foi composto e impresso pela Editora Vozes Ltda.

Sumário

Apresentação, 7
Introdução histórica, 11
Prefácio, 17

Parte I – Mistérios gozosos, 19

Capítulo 1 – Imitação da Virgem Maria, 21
Capítulo 2 – Deveres para com Maria, 25
Capítulo 3 – As virtudes e os ofícios de um bom servo de Maria, 29
Capítulo 4 – As grandezas e as glórias de Maria, 34
Capítulo 5 – Nossos deveres para com Maria, 38
Capítulo 6 – O poderio e os poderes de Maria, 43
Capítulo 7 – Grandezas e privilégios de Maria, 47
Capítulo 8 – Belezas e ilustrações de Maria, 52
Capítulo 9 – Figuras e símbolos de Maria, 56
Capítulo 10 – A maternidade divina de Maria, 61

Parte II – Mistérios dolorosos, 65

Capítulo 11 – O piedoso patrocínio de Maria, 67
Capítulo 12 – As alegrias e os júbilos de Maria, 70
Capítulo 13 – Os regozijos e as vibrações de Maria, 74
Capítulo 14 – O amor e a dor de Maria, 78

Capítulo 15 – Os exemplos e os conselhos de Maria para procurar e encontrar Jesus: *Como precisamos procurar Jesus a exemplo de Maria*, 83

Capítulo 16 – As dores e os sofrimentos de Maria, 87

Capítulo 17 – As amarguras e as angústias de Maria, 91

Capítulo 18 – Como é preciso sofrer a exemplo de Maria, 95

Capítulo 19 – Como é preciso servir a Jesus a exemplo de Maria, 99

Capítulo 20 – Como é preciso agir a exemplo de Maria, 103

Parte III – Mistérios gloriosos, 107

Capítulo 21 – A vida interior de Maria, 109

Capítulo 22 – As obras e os exemplos de Maria, 113

Capítulo 23 – Como é preciso meditar a exemplo de Maria, 117

Capítulo 24 – Como é preciso honrar e glorificar Maria, 121

Capítulo 25 – Como é preciso dirigir-se a Jesus por Maria, 125

Capítulo 26 – A intercessão maternal de Maria, 129

Capítulo 27 – A frequente invocação de Maria, 134

Capítulo 28 – A mediação de Maria junto a Deus, 138

Capítulo 29 – A intervenção divina de Maria, 143

Capítulo 30 – A eterna realeza de Maria, 147

Apresentação

O livro da *Imitação de Jesus*, o mais belo dos livros saídos da mão dos homens, deveria ter como contrapartida a *Imitação de Maria*. Mas não o temos totalmente acabado: possuímo-lo apenas em esboço entre as obras de Tomás de Kempis.

O século que viu nascer a *Imitação de Jesus Cristo* – o século XV – é o século que viu o término da maioria das igrejas góticas dedicadas à Virgem, na França e nos Países-Baixos, desde Notre-Dame de Paris até a catedral de Colônia.

É a época mais florescente do culto à Virgem, a idade de ouro da devoção marial. O nome de Maria se encontra sempre ao lado do nome de Jesus, como no estandarte de Joana d'Arc, que é desta época (1409-1431).

Ora, observou-se, com pesar, que o autor da *Imitação de Jesus Cristo* não fala nenhuma vez da devoção à Virgem Maria neste livro divino que trata de todos os temas da mística cristã.

É esquecimento ou negligência? Nenhum dos dois. Tomás de Kempis (1380-1471), cônego de Colônia e abade do Mont-Ste-Agnès, cuja igreja é dedicada à Virgem, escreveu capítulos inteiros sobre a devoção a Maria, em suas obras diversas.

Mas os copistas que transcreveram os três primeiros livros da Imitação, concluídos por Kempis, bem como o quarto que permaneceu incompleto, não souberam dispor em ordem as passagens que tratavam da devoção à Virgem Maria, na imensa produção do autor.

Este trabalho, que não é senão um trabalho de analista, nós o empreendemos. Pudemos extrair, das diferentes obras de Kempis, capítulos inteiros sobre a devoção a Maria, escritos na mesma linguagem poética e rimada como a da *Imitação*. Tudo parece indicar que se destinavam a formar um Quinto Livro do Tratado da Vida Interior, depois do livro da Eucaristia. Encontramos ali a mesma doutrina de teologia elevada e a mesma graça de poesia comunicativa em suas formas compassadas.

Este argumento, por si só, provaria que a *Imitação* é de Tomás de Kempis e não de Gerson. Só Kempis escreve em versos rítmicos e compassados, à maneira dos autores místicos dessa época. Gerson compôs apenas obras de gramática, em frases de sintaxe.

Kempis escreve em verso: Gerson imita a prosa. A *imitação de Jesus Cristo* é um poema que segue o modelo dos Salmos. O mesmo vale para a *Imitação da Virgem*. Mas este poema está em cantos esparsos em um vasto concerto. Percebe-se a melodia, sem ter a harmonia regulada como na *Imitação de Jesus Cristo*.

Nós o dispusemos seguindo a ordem dos Mistérios da vida de Maria: mistérios gozosos, mistérios dolorosos e mistérios gloriosos.

Assim, a leitura será mais fácil. É sobretudo aqui que é útil lembrar a advertência do autor: "É preciso ler não só com o espírito, mas sobretudo com o coração".

Nós procuramos encerrar o nosso coração no de nossa Mãe. Oxalá todos e todas vós que o lerem possam fazer o mesmo!

Dr. Abbé Albin de Cigala
Doutor em teologia e em filosofia
Paris, janeiro de 1927.

Introdução histórica

As edições latinas do livro da *Imitação*

A *Imitação de Cristo* é uma obra mística que aparece pela primeira vez no século XV – no tempo em que aparece Joana d'Arc.

Foi escrita em latim e não traz nenhum nome de autor. Em poucos anos a encontramos de repente reproduzida em duzentos manuscritos, espalhados pelos mosteiros da Alemanha, da França e da Itália.

Ora, se lermos atentamente os manuscritos da *Imitação* e, se os compararmos, veremos logo que estão escritos em frases rítmicas, sempre assonantes, muitas vezes até com rima geminada. Quando o ritmo é destruído em um texto, é muito raro que outro manuscrito não traga a versão em cadência: o erro provém, portanto, dos copistas.

Com efeito, não temos, até o momento, o manuscrito do autor; mas do cotejo dos textos resulta que o texto primitivo latino do livro da *Imitação* está em versos rítmicos, irregulares em sua forma, mas sempre harmonizados pela concordância e pela rima. O melhor que poderíamos fazer é compará-los aos versos da Fábulas de La Fontaine.

Esta maneira de escrever era, aliás, a única utilizada nessa época, para as obras sérias. Nossos versos latinos clássicos haviam desaparecido da língua e, por toda parte, florescia a rima que devia fazer o sucesso dos versos franceses.

A *Imitação* é assim a primeira obra-prima burilada nesta linguagem latina compassada e sonora, que as próprias mulheres parecem poder compreender, sem ter estudado a língua, a tal ponto a harmonia e a doçura embalam o ouvido e encantam o coração.

Traduções francesas da Imitação

Mas é possível transpor para uma outra língua este encanto evocador de ideias? A *Imitação* foi traduzida em todos os idiomas e todas as vezes perdeu algo de sua graça.

É talvez para o francês que ela foi mais traduzida. A versão mais antiga, aparecida com o título "L'Internelle (?) consolation", pôde até fazer as vezes do original aos olhos de alguns críticos superficiais.

A *Imitação*, como vimos, foi escrita toda em versos rítmicos, de acordo com um sistema de acentos e de paralelismo perfeitamente estabelecido.

Nós procuramos traduzir para o francês este paralelismo evocador de ideias. Mas, para chegar a isso, os versos eram demasiado empolados e a prosa demasiado rastejante; empregamos uma forma mista, que contém ao mesmo tempo prosa e verso, o Ritmo. Esse estilo cadenciado das frases acentua as nuanças do pensamento em notas harmoniosas e ressalta o valor das sentenças.

Pudemos, assim, não só traduzir todas as palavras do livro latino – o que nunca tinha sido feito –, mas ainda acentuar, nesta gradação binária, o movimento compassada do texto primitivo, sempre fiel ao método rítmico dos provérbios.

Dividimos, em nossa edição, cada capítulo em diversos pontos, de acordo com as ideias expressas no texto. É a primeira vez que um trabalho semelhante é feito: utilizamos, para os sumários, as raras indicações dos manuscritos e os títulos dos capítulos.

Cada ponto é subdividido em parágrafos distintos numerados, de acordo com o próprio sentido da passagem. Sommalius e os primeiros editores nem sempre haviam observado esta norma e se haviam contentado em dividir o texto em estrofes uniformes.

Meditações e homilias

Outra inovação da nossa edição é a Homilia acrescentada a cada capítulo. Em vez de apresentar pensamentos soltos como faz a maioria das traduções, de Gonelieu, de Lamennais e outros, resumimos em um comentário contínuo o sentido de cada ponto e o valor de cada ideia: é o método homilético tão gracioso em sua forma e tão profundo em seus ensinamentos.

Procuramos empregar o menor número possível de palavras, mas de tal maneira que cada palavra seja evocadora de uma ideia especial, a fim de poder tornar-se o tema de um novo ponto de meditação.

Após a Homilia sobre o conjunto do capítulo, apresentamos uma ou duas Meditações sobre os pontos importantes observados nos detalhes.

Procuramos, nas Meditações e nas Homilias, os sentimentos e os pensamentos psicológicos em vez de considerações metafísicas, menos acessíveis à alma, e raramente comoventes para o coração.

Epílogo e lembranças

Esperamos que a leitura desse livro divino se torne assim mais fácil e mais proveitosa. O que detém muitas vezes um grande número de pessoas neste estudo é precisamente a abundância demasiado grande das matérias.

Nós procedemos simplesmente como um arquiteto, dispondo os elementos da edificação espiritual: cabe a cada um construir sua própria santificação.

Este trabalho, começado em momentos de tristeza e angústia, sobre um livro que nos fora dado pela mão de uma amiga no dia de uma separação, foi a testemunha de muitas lágrimas e o confidente de muitas consolações.

Esperamos que todos os que o abrirem encontrem nele também um bálsamo para sua dor.

Qual o coração de um adolescente ou de uma moça, de uma mulher jovem ou de um homem maduro, qual o coração até de um idoso que não tenha suas horas de tristeza?

A todos este livro dirá: amem e esperem!

* * *

Oxalá nossa versão possa levar a amar mais a *Imitação*, tornando-a mais fácil de compreender! Não tivemos outro objetivo em nossa vida; e gostaríamos que, depois de nossa morte, nossa voz se una também à voz do autor, para falar a todos de esperança e de lembrança.

Trabalhamos aqui à maneira dos Melodistas, que, não podendo escrever poemas, se contentavam em reproduzir, em seus cantos, as harmonias que ouviam.

Como o hinógrafo bizantino, o pobre monge Romano, nós não pedimos a Deus como recompensa de nosso trabalho mais do que poder, um dia, nos apresentar a ele com o humilde título de Melodista da *Imitação*.

Dr. Abbé Albin de Cigala

Prefácio

Lê, meu filho, ou melhor, canta lendo,
estes doces versículos em honra de Maria.
Toma-os como um viático para a alma.
Toma-os como um bastão para a viagem.
Lê muitas vezes e relê, com devoção, rezando.
Que Jesus e Maria sejam para ti na vida,
em todo tempo, em todo lugar, tua única
companhia,
por medo de te extraviares, solitário, ou te
desviares,
dissipando exteriormente os perfumes do
interior.
Encontrarás aqui um breve discurso sobre Maria,
mas um discurso cheio de doçura para meditar,
e um discurso cheio de força para bem te
proteger.
Medita-o muitas vezes e também reza muitas
vezes,
dizendo de todo o coração: Salve, Maria.

Tomás de Kempis
Solilóquio da alma

Parte I
Mistérios gozosos

Capítulo 1
Imitação da Virgem Maria

Sumário
– I. É preciso imitar Maria.
– II. Quais são as virtudes a imitar em Maria.
– III. Oração do devoto imitador de Maria.

I

1. Muitas jovens, diz o autor da Sabedoria, acumularam riquezas, mas vós, ó Maria, as superais, e de muito, a todas em riqueza. Filhos, sede fiéis imitadores de Jesus na terra, e imitadores perfeitos de Maria.

2. Importa muito, importa para a vossa salvação, para a honra de Jesus e a glória de Maria, que sejais sempre devotos em vossas orações, sóbrios em vossas palavras, circunspectos em vossos olhares e, enfim, escrupulosamente disciplinados em vossas obras.

II

3. Quereis louvar dignamente Maria, quereis louvá-la com toda a magnificência? Sede simples, como os simples filhos de Deus, sem embustes, sem inveja, sem crítica, sem murmúrio e sem nenhuma suspeita. Suportai todas as coisas contrárias, com caridade, com grande paciência e com grande humildade.

4. Por Jesus, por Maria, para imitar os Santos, vigiai neste mundo e sede santos. Para quem sabe oferecer sua vida à Divina Trindade, tudo o que é amargo nesta terra parece doce, e tudo o que parece pesado mostra-se muito leve. Este é o fruto da lembrança de Maria e de Jesus.

Oração

5. Maria, ó doce Mãe do meu Jesus, eu vos peço, dignai-vos manifestar a vosso devoto servo vossa compaixão toda maternal e vossa caridade toda cheia de doçura. Derramai em meu coração uma gota de vossa ternura, a fim de que eu possa vos amar com um coração puro, a vós, ó Mãe, a mais doce de todas as mães, a fim de que eu possa vos imitar e imitar a Jesus.

6. Ouvi-me, ó Mãe, ouvi-me, ó Maria, eu vos digo de joelhos: Ave Maria.

O céu se alegra e a terra sorri, quando o coração diz: Ave Maria.

Satanás foge para longe e todo o inferno estremece, quando o coração diz: Ave Maria.

O mundo parece pequeno e a carne vibra, quando o coração diz: Ave Maria.

A tristeza foge, a alegria sorri, quando o coração diz: Ave Maria.

A tibieza desaparece e o amor reaparece, quando o coração diz: Ave Maria.

A devoção aumenta e a compunção nasce, quando o coração diz: Ave Maria.

A esperança jorra e o consolo cresce, quando o coração diz: Ave Maria.

A alma inteira revive e o amor se enternece, quando o coração diz: Ave Maria.

7. Tanta e tão grande é a doçura desta oração, que não pode ser traduzida em vocalização. Por isso, novamente, dobro os joelhos diante de vós, ó Maria, ó Virgem, ó Mãe repleta de suavidade, e vos digo e repito com reverência e devoção: Ave Maria, Ave! Recebei esta piedosa saudação e com ela recebei-me, ó Mãe, em vosso regaço! (Discurso XXV)

Homilia: O modelo e a imitação

I. Imitar é reproduzir um modelo: mas o modelo pode ser maior ou menor do que a reprodução. Assim acontece na imitação de Jesus, de Maria e dos santos. Os modelos aqui são maiores do que a natureza. Nós podemos, no entanto, chegar a assemelhar-nos a eles reproduzindo sua vida.

II. A vida é uma complexidade de virtudes e de defeitos, de forças e de instintos. Ninguém é mau por natureza; mas, conforme nos elevamos ou nos rebaixamos, tornamo-nos bons ou maus. Pode-se dizer que o caminho do meio não existe – é preciso escolher o vício ou a virtude. Para praticar a virtude é preciso um esforço: é o sentido da palavra latina *virtus*; para seguir o vício, basta deixar-se levar: é o sentido da palavra latina *vitium*.

III. A alma cristã, diante do modelo divino que é Maria, se exalta e se excita para a prática das virtudes que ela admira naquela que é, ao mesmo tempo, um modelo sublime e uma mestra admirável, um protótipo e uma mãe.

Meditação: O trabalho da santificação

É uma ciência saber observar um modelo e é uma arte poder reproduzi-lo: esta arte e este trabalho são todo o segredo da vida espiritual.

A consideração é a meditação ou a contemplação, o estudo das harmonias divinas. Nós vibramos assim como os Santos e para vibrar é preciso sofrer: por isso a dor ensina mais do que o prazer. Quem não sofreu, o que sabe? Um coração que ama já foi fendido por uma espada. Golpeie seu coração, é ali que está o gênio – dizia o poeta: é também ali que está a santidade.

Prática – Trazer uma medalha de Maria, o mais bela possível, é um meio de lembrar-se sem esforço que, para imitá-la, é preciso fazer esforço.

Pensamento – Para quem ama Maria, tudo se mostra doce e tudo parece leve: *Amara dulcia fiunt, gravia levia veniunt*.

Capítulo 2

Deveres para com Maria

Sumário
– I. Como é preciso unir-se a Maria pelo coração, pelas palavras e pelas obras.
– II. Frutos desta união mística.
– III. Oração para pedir esta união de coração.

I

1. Escolhe para ti, antes de tudo, meu filho, Maria como mãe, como advogada e como modelo: saúda-a, todos os dias, com a saudação do anjo: esta saudação lhe agrada mais do que todas. Se às vezes o demônio te tenta e te desvia dos teus deveres de servo devoto de Maria, não cesses por isso de invocá-la sempre. Pensa em Maria, repete o nome de Maria, honra Maria, glorifica Maria em tudo, inclina-te diante de Maria, entrega-te a Maria.

2. Permanece com Maria, medita com Maria, alegra-te com Maria, chora com Maria, trabalha com Maria, vela com Maria, atua com Maria, repousa com Maria. Com Maria, carrega Jesus em teus braços: mora em Nazaré com Maria, dirige-te a Jerusalém com Maria, anda com Maria, procura igualmente Jesus com Maria. Permanece junto à cruz

com Maria, chora Jesus, chora-o com Maria, sepulta Jesus com Maria, ressuscita com Jesus e com Maria. Sobe ao céu com Jesus e com Maria, permanece sempre com Maria na vida e a morte.

II

3. Se sabes pensar corretamente e agir deste modo, avançarás rapidamente na perfeição: Maria te protegerá com todo o seu poderio e Jesus te atenderá em sua doce clemência. É muito pouco, é um nada, o que fazemos; e, no entanto, se o fazemos com Maria, subiremos aos poucos para Deus nosso pai e encontraremos junto a ele consolo e alegria.

4. Feliz aquele que sabe manter junto a si Jesus e Maria como hóspedes à sua mesa, consoladores de suas penas, socorro em seus perigos, conselheiros em suas dúvidas, protetores por ocasião de sua morte. Feliz aquele que, considerando-se viajante e estrangeiro neste mundo, mantém Jesus como companheiro e Maria como anfitriã.

Oração

5. Ó Mãe, dirijo-me a vós cheio de esperança, venho recordar a alegria exultante que outrora o arcanjo Gabriel vos trouxe, quando, ajoelhando-se diante de vós, saudou vossa virgindade dizendo com respeito: eu vos saúdo, Maria, o Senhor está convosco. Esta saudação eu a repito, ó Mãe, com o coração de todos os fiéis e, se pudesse, com a voz, a fim de que assim

todas a criaturas cantem comigo, do mais profundo de sua alma e de seu ser. Ave, Maria, cheia de graça, o Senhor está convosco, vos sois bendita, ó Mãe, entre todas as mulheres e Jesus, o fruto de vossas entranhas, é bendito na terra e no céu, hoje e sempre.

(*Solilóquio da alma*, cap. XVIII)

Homilia: Títulos e funções de Maria

I. Nossos deveres para com Maria resultam dos títulos e das funções da própria Maria. Seus títulos são os mais belos e os mais doces: primeiro o de mãe, que é pronunciado com amor em todos os tempos; em seguida o de advogada, que é invocada com esperança em toda dificuldade; por fim, o título de modelo, que é contemplado com admiração e êxtase.

II. As funções estão em relação com seus títulos: os nomes dados por Deus são ao mesmo tempo uma evocação e uma criação das qualidades significadas pelos próprios nomes e títulos. Assim Maria, em virtude de seus títulos, exerce suas funções de mãe que consola, sustenta e alimenta, de advogada que aconselha, orienta e defende, e, enfim, de modelo que exalta e atrai.

III. Em uma oração exultante de alegria e cheia de amor, o fiel pede a Maria que lhe ensine a rezar como rezam os anjos. A oração aqui na terra brada, chora e se cala: a oração no céu é uma visão, uma contemplação e um êxtase.

Meditação: A vida sobrenatural

Viver é subir, elevar-se da terra: vede as flores que vivem e as que estão mortas. O homem ama tanto a vida que quer viver duas vezes: daí o amor, que é o que há de mais belo sobre a terra.

Esta vida terrestre, no entanto, não é toda a vida: existe a vida da alma, sem a qual o próprio amor não é nada. O amor que não se mostra imortal não satisfaz os corações. Esta vida que não morre é a vida sobrenatural, a vida da graça.

Maria nos foi dada como modelo e como mãe, nesta vida nova acrescentada à vida terrestre. Quem não conheceu este desejo de subir sempre mais alto ainda não viveu. Vivamos, portanto, não para morrer, mas para chegar à imortalidade.

Prática – O uso do rosário, seu simples porte, são práticas que ajudam a alma a elevar-se para os pensamentos do céu.

Pensamento – Viver com Maria é viver na segurança e na felicidade do céu: *Bene et secure ambulat qui Mariam in corde portat.*

Capítulo 3

As virtudes e os ofícios de um bom servo de Maria

Sumário
– I. Virtudes interiores do coração.
– II. Virtudes exteriores do corpo.
– III. Práticas exteriores de devoção.
– IV. Oração para pedir o consolo nas penas.

I

1. Queres fazer sempre o que agrada a Maria? Sê humilde, paciente, casto e reservado em tudo, cheio de mansidão, homem do interior, cheio de zelo, pouco versado nas coisas exteriores, recolhido. Lê muitas vezes, escreve muitas vezes, e reza mais frequentemente. O serviço de Maria não deve parecer-te nem longo, nem fatigante; mas, pelo contrário, sempre aprazível, sempre cheio de alegria e sempre solícito. Servir com o coração e com o espírito a uma tal senhora é sempre obra pia e útil para a salvação.

2. As mais fracas homenagens são aceitas por ela, da mesma forma que as mais solenes, quando são oferecidas com amor, com espontaneidade, com devoção. Ela sabe que não podemos dar muito e não

exige de seus filhos coisas impossíveis. Soberana misericordiosa e rainha da mansidão, ela é mãe antes de tudo e, como mãe, não sabe não ter compaixão dos pequenos e dos pobres, ela que deu ao mundo a misericórdia em Jesus.

II

3. Aprende, portanto, a invocar Jesus em tudo e serás ajudado nos perigos da alma e do corpo. Tem sempre Jesus no coração, na alegria, e nunca serás inundado pela angústia humana. Dize muitas vezes a Ave-Maria: nela encontrarás alegria e paz. Nenhuma oração é mais bela do que o Pai-nosso: nenhuma é mais suave do que a Ave-Maria. Reza como rezou o anjo diante de Maria; trabalha como trabalha um servo fiel e terás no céu tua coroa e teu pajem. Quem sabe alimentar sua alma com oração, quem sabe rezar com os textos sagrados, não conhecerá jamais a aridez na devoção. Dedica-te a honrar sempre os nomes de Jesus e de Maria com os lábios e no coração.

III

4. Onde quer que fores, onde quer que te encontres, implora sempre Jesus e invoca Maria. Adota como norma de vida e como chamada de emergência esta piedosa invocação: "Orientai, ó meu Deus, orientai sempre meu caminho em vossa presença". Age sempre corretamente e se comporta sempre corretamente aquele que traz Jesus e Maria em seu coração.

Canta estes dois nomes, canta-os em teu coração, canta-os em teus lábios, canta-os em tuas mãos; que teu olhar os suplique, que teus olhos os implorem, que teus braços os apertem, que teus joelhos os adorem.

Oração

5. Ó Maria, ó Mãe cheia de misericórdia, recebei junto a vós vosso servo errante, sem consolos, no meio de suas tribulações. Vede, ó minha Soberana, vede minha aflição e abri-me vosso coração cheio de consolação. Eis que eu clamo e suplico com angústia, e não quero me afastar nem vos abandonar até terdes compaixão de mim.

6. Conheço, ó Mãe, vossa incomparável suavidade, conheço o impulso maternal do vosso coração divino, conheço a abundância do amor que o preenche, e sei que posso ter toda esperança em vós. Igualmente me refugio junto a vós, ó minha Mãe, a fim de que, tanto nas alegrias quanto nas tristezas, eu possa receber benévolos auxílios e ouvir vossas maternais consolações. (*Vale dos lírios*, cap. XIII)

Homilia: Virtudes que um bom servo de Maria deve praticar

I. Os latinos tinham duas palavras para designar as boas ações a realizar na vida: a palavra *virtude* para designar uma ação feita com esforço e boa vontade e a palavra *ofício* para caracterizar uma ação executada por dever, mas sem apego do coração. O que se exige aqui do bom servo de Maria são virtudes, ou seja, atos meritórios, impulsos do coração, e não apenas ofícios que os próprios criados podem executar. São, antes de mais nada, as virtudes interiores: a humildade, a paciência, a pureza.

II. Em seguida, são as virtudes exteriores ou virtudes da ação: o esforço no trabalho, a elevação do pensamento, a união na oração mental, o zelo na oração vocal.

III. Estas virtudes reunidas devem animar todas as práticas de devoção, se quisermos que estas práticas sejam atos espirituais de virtude meritórios e não apenas ofícios materiais de trabalho remunerado. Assim, agia Maria: assim devemos agir nós próprios.

IV. O servo pede, portanto, a Maria, que é uma mãe e um modelo, que o ajude neste trabalho e o console no meio das dificuldades do trabalho.

Meditação: A vida ativa

A vida é como o fogo: ela só se conserva comunicando-se; os antigos a representavam por uma chama e, com efeito, é essa justamente a verdade. Para viver é preciso agir: a vida ativa supõe a vontade e o esforço. Maria conheceu e praticou esta vida, como a praticaram todos os santos.

A vida que transcorre sozinha desencanta e gera o tédio: *taedium vitae*. Ai da alma que se contenta em viver sem se elevar! Terá vivido mais quem tiver agido mais, mediante seu coração, mediante sua alma e mediante seu corpo, mediante o amor, mediante o pensamento e mediante as obras.

Existe, na verdade, um modelo mais belo do que Maria, no Templo, em Nazaré, no calvário, na casa de São João? Viveu muito tempo quem viveu pouco, diz um sábio. Vivamos, portanto, como Maria e com Maria.

Prática – Não passar um dia sem realizar um esforço, ao menos em uma pequena coisa.

Pensamento – A vida frouxa é uma vida insípida. Vive como Maria: *Aspice Mariam, contemplare et mirare.*

Capítulo 4

As grandezas e as glórias de Maria

Sumário
– I. Grandezas e glórias no céu e na terra.
– II. Condições a preencher para merecer seus favores.
– III. Oração para pedir não ser esquecido por ela.

I

1. Quem é aquela que sobe do deserto deste mundo toda perfumada com as delícias do paraíso? Maior do que o céu, vós tendes, ó Maria, o mundo sob os vossos pés, e estais sentada junto a Deus, no trono de honra que Jesus vos dá. No entanto, vossa misericórdia, que supera toda misericórdia, me atrai para vós, porque sois sempre o socorro e o consolo dos que sofrem.

2. Preciso ser consolado, ó Mãe, e fortalecido; mais ainda preciso da graça de vosso filho Jesus, porque sinto que, sem ela, nada posso concluir. Vós podeis, ó minha Mãe, se quiserdes, vós podeis me erguer e me ajudar com vossos auxílios poderosos e me reconfortar com vossas abundantes consolações. Encontro-me cercado de tentações por toda parte, e por isso recorro a vós, pois sinto que junto a vós encontro socorro ao mesmo tempo que compaixão.

II

3. E se posso aproximar-me de vossa majestade e vos saudar com reverência e honra, sinto também que preciso aproximar-me com amor. Não há louvor que eu possa vos oferecer, mas antes súplicas que tenho a vos apresentar. Quem quiser aproximar-se de vós com irreverência será confundido: quero, portanto, dirigir-me a vós, ó Mãe, com confiança, com respeito e com humildade, a fim de merecer vossa clemência e vosso auxílio.

4. Sim! É com respeito, com amor e confiança que venho, ó Maria, apresentar-vos, por minha vez, a saudação que o anjo vos apresentou de joelhos. Eu vo-la apresento com os braços estendidos e as mãos erguidas, vo-la apresento milhares e milhares de vezes, e peço a todos que vo-la apresentem também por mim, pois sei que não posso oferecer nada de mais doce.

Oração

5. Ó Mãe, mais amada do que todas as mães, ó Maria, se às vezes pude vos esquecer, eu o lamento e choro hoje. Mas vós, oh!, não me esqueçais, vós que fostes a única a dar à luz a misericórdia ao dar à luz Jesus. Eu vos saúdo de joelhos, inclino-me diante de vós, junto minhas mãos e prostro-me por terra, a fim de ouvirdes com mais amor minha oração. Digo diante de vós e quero repetir sempre: eu vos saúdo, cheia

de graça, o Senhor está convosco; sois bendita entre todas as mulheres, ó Maria, e bendito é Jesus, o fruto de vossas entranhas.

(*Solilóquio da alma*, cap. XXIII)

Homilia: A eminente dignidade da Mãe de Deus

I. A dignidade de uma pessoa ou de um ser se mede por sua função. Ora, não existe na terra, e nem mesmo no céu, função igual à função da maternidade divina de Maria. Maria é verdadeiramente *Theotokos*, Mãe de Deus e ao mesmo tempo Mãe do Salvador, porque em Jesus a divindade e a humanidade estão unidas substancialmente. Não existe, portanto, dignidade superior à dignidade de Maria.

II. Esta eminente dignidade de mãe confere a Maria prerrogativas divinas ao mesmo tempo que lhe infunde ternuras humanas superiores às ternuras mais deslumbrantes das mães da terra. Mesmo do ponto de vista físico da função, da beleza da mulher e da mãe, Maria está acima de todas as que brilharam no mundo por seus encantos e seus atrativos. São Dionísio Areopagita, ateniense refinado e discípulo de São Paulo, tendo ido a Jerusalém e visto Maria, julgou-a tão bela que quis prostrar-se diante dela como alguém se prostra diante de uma deusa – assim devemos fazer nós em espírito.

III. É o que promete, com entusiasmo, o discípulo na oração que dirige a Maria.

Meditação: O emprego do tempo

Entre o passado que nos escapa e o futuro que não nos pertence, existe o presente que é o único que temos: é o tempo da ação e do dever. Empregá-lo bem é embelezar sua vida; desperdiçá-lo é morrer com ele.

A primeira norma para empregar bem o tempo é, antes de tudo, empregá-lo e não perdê-lo. Em seguida, empregá-lo oportunamente e não agir a torto e a direito. Por fim, empregá-lo utilmente e não sem objetivo e sem norma: nada adiar, nada deixar para mais tarde. É o segredo por excelência do êxito.

Também, aqui, Maria pode nos servir de modelo. Ela foi, por excelência, a mulher forte e a patroa diligente de que fala a Escritura: ela realizou, com perfeição, a máxima das nobres romanas: *Domi mansit, lanam fecit*. Maria, com efeito, foi ao mesmo tempo israelita por nascimento e romana por adoção: ela é o tipo perfeito da mulher no duplo sentido de *femina* e de *mulier*. Reproduzamos este modelo e este tipo.

Prática – São Franscisco de Sales compensava por uma esmola cada hora que acreditava ter perdido ou empregado mal: imitemo-lo.

Pensamento – O pensamento de Maria é um consolo e uma proteção: *Solamen et dictamen*.

Capítulo 5

Nossos deveres para com Maria

Sumário
– I. Deveres relativos ao pensamento.
– II. Deveres que interessam à ação.
– III. Oração para pedir a confiança.

I

1. Ainda precisas, ó meu filho, aprender a elevar-te para Deus, a exemplo de Maria. Precisas apoiar-te na sua ajuda poderosa e não confiar apenas em tuas forças, por medo de ser arrastado para baixo por tuas paixões. Deves todos os dias, por pensamentos novos, elevar-te e apesentar teus desejos ao céu, ao céu onde vês Maria tua rainha, ao lado do Rei Jesus e da corte dos anjos.

2. Infelizmente, no entanto, nossa fraqueza nos fará descer para este vale de lágrimas! É sobretudo então que precisaremos fazer esforços e elevar nossa voz, em apelos frequentes, para Maria que é a mãe de misericórdia, a fim de que ela diga a seu Filho misericordioso o quanto faz falta à nossa alma o vinho do fervor, o quanto ela precisa do perfume da piedade, para poder louvar a Deus como convém. Pois só ele,

com efeito, se desvela em socorrer os que, para lhe agradar, desprezaram o mundo, e os que, por amor a ele, são desprezados no mundo, por causa de seu nome e de seu santo Evangelho.

II

3. Com efeito, importa muitas vezes conhecer um refúgio onde seja possível abrigar-se contra os furacões, diante das tempestades da tribulação. Ora, não existe em parte alguma lugar mais seguro, nem porto mais tranquilo do que o seio de Maria. Assim como não existe mensageiro mais rápido para nos livrar dos golpes do inimigo do que uma oração fervorosa, que sobe da planície para a fortaleza armada da Virgem Maria. Esta fortaleza é a mesmo onde Jesus entrou para ali vestir um corpo, semelhante a uma armadura, a fim de expulsar para longe o príncipe das trevas.

4. Entra, portanto, também tu nesta fortaleza, a fim de estar a salvo dos que te assaltam. Permanece sob o manto da Virgem Maria; serás protegido pelos braços de uma mãe. Sim! A oração de Maria põe em fuga a turba encarniçada dos inimigos malvados: sua ajuda nos livra dos perigos iminentes. Perto dela o pobre encontra morada, o doente encontra remédio, a alma triste encontra um repouso. Perto dela quem cambaleia encontra o apoio e quem está abandonado encontra o socorro.

5. Sim! É um bem, um grande bem se souberes mostrar-te digno a este ponto, e ao mesmo tempo cheio de atenções, para agradar em tudo a Virgem Maria. Mereces, assim, suas graças aqui na terra e sua glória lá em cima, em companhia dos santos. Apega-te a ela e não a abandones, até que ela tenha concedido a ti sua bênção para te conduzir ao céu.

Oração

6. Ó Maria, ó senhora cheia de clemência, em nome do amor puro e do apego, para eu repousar aos vossos pés concedei, eu vos peço, ao meu coração um novo impulso de confiança! O medo me persegue e a dúvida me corrói; o desespero me assalta no auge das tentações. Uma só coisa ainda pode me consolar: é que pedi para ser ouvido por vós e me confio, ó mãe, ao vosso coração. (*Enchiridion monástico*, IV)

Homilia

I. Dever: o dever é uma palavra rude quando designa a obrigação que liga todo homem ao seu cargo – torna-se uma palavra cheia de doçura quando se aplica às atenções voluntárias que o coração sugere a um ser amado. Nossos deveres para com Maria devem ser assim. Estes deveres tão doces são os de um filho para com sua mãe, de um amigo para com sua amiga. O pensamento do céu é uma força, como o pensamento do amor é um arrebatamento. Elevar seus pensamentos é elevar-se todo inteiro: *Altius cogita!*

II. Com a vida da alma, ocorre o mesmo que ocorre com a vida corrente; pensar corretamente é o começo do fazer corretamente. Ter grandes pensamentos é preparar grandes ações. O exemplo de Maria, aqui, é mais do que uma demonstração – é uma atração e um socorro. Maria – diz o Evangelho – conservava todos estes grandes pensamentos em seu coração. Com efeito, como diz Pascal, os grandes pensamentos vêm do coração – são os que criam a ação. Demasiadas vezes, acusou-se a mística de não ser mais do que um sonho – a mística da Imitação é uma ação, porque é a perfeição.

III. Esta ação é árdua e muitas vezes desestimulante; por isso, a alma pede a Maria a confiança para poder atingir a meta da vida espiritual, que é o céu.

Meditação: As belezas de Maria

O sonho de toda alma seria ver Maria em seu esplendor celeste. Dante teve este sonho e procurou traduzi-lo em seu Paraíso. Ele nos representa Maria sob a figura de uma auréola de ouro imaculada e a nomeia com nomes de flores: "rosa desabrochada", "lírio cheio de brancura", "caule perfumado", "árvore odorífera", "lira que canta", "safira que brilha", "chama que sobe", "arca que se eleva". Ele só a vê no meio das flores, cercada de estrelas, coroada de esplendores.

Maria resume, para Dante, tudo o que encanta aqui na terra, na figura de uma jovem, de uma virgem – a graça que se difunde em reflexos, a beleza que resplandece em brilhos, o amor que jorra em impulsos.

Diante deste deslumbramento, o poeta fecha os olhos e se põe de joelhos, estendendo os braços. Assim, parece, devemos fazer para contemplar as belezas de Maria.

"Olha – lhe diz então São Bernardo – a figura daquela que mais se assemelha a Jesus: só ela poderá, por seu brilho, conceder-te ver a Cristo". Maria é bela, de fato, como são belas todas as almas, pelo reflexo de Cristo em nós.

Prática – Imitar os santos que traziam os emblemas e as insígnias de Maria, como o escapulário e o rosário.

Pensamento – A lembrança de Maria é auxílio e uma elevação. *Adjuvat et sublevat.*

Capítulo 6

O poderio e os poderes de Maria

Sumário
– I. Intervenção de Maria em nosso favor.
– II. Nossas obrigações pada com ela.
– III. Oração para pedir-lhe luz e proteção.

I

1. Maria é, em relação a seus piedosos servos, fiel em suas promessas e generosa em seus dons. Ela goza da veneração do anjos e, no entanto, aceita as oferendas dos homens. Ela se comove com as lágrimas dos infelizes, se compadece das dores dos que sofrem, vem ajudar nos combates os que são tentados e se inclina sempre diante de todos os que a imploram. Todos os que, com confiança e devoção, vão refugiar-se junto dela e invocam seu nome encontram nela a abundância e o consolo. Rainha, ela dá ordens aos anjos no céu e pode enviá-los para socorrer os infelizes.

2. Ela possui, igualmente, em todo lugar o domínio sobre os demônios e pode impedir que prejudiquem seus servos. Sim! Os demônios temem a rainha do céu e seu nome sozinho basta para afugentá-los. Eles tremem ao nome terrível e santo de Maria, diante deste nome que faz a alegria dos cristãos, e não

ousam mais, doravante, aparecer diante de nós, nem tentar novamente seus assaltos capciosos. Assim que ouvem retumbar esse nome santo, tremem como se estivessem diante do brilho de um raio do céu, prostram-se e fogem. E quanto mais este nome é pronunciado por nós tanto mais é invocado com devoção e piedade e tanto mais rapidamente também os demônios se afastam de nós.

II

3. Para nós é, portanto, um dever sagrado entre todos amar a todo tempo o santo nome de Maria. Ele deve ser, para todos os fiéis um culto, para os religiosos uma meditação, para as pessoas do mundo uma devoção, para os pecadores uma veneração, para os que sofrem um consolo, em todos os perigos, enfim, uma proteção. Com efeito, Maria está muito próxima de Deus, é muito cara a seu bem-amado Filho Jesus, todo-poderosa em sua intercessão em favor dos desventurados filhos de Adão, a fim de obter perdão e socorro. Em todas as circunstâncias da vida, ela pode intervir junto a seu filho a fim de obter misericórdia para os culpados. Também ela é, assim como o próprio Jesus, sempre ouvida, por causa da honra que lhe é devida.

4. Assim, portanto, oxalá todo cristão piedoso se apresse a refugiar-se sem perda de tempo junto a Maria, se quiser escapar dos naufrágios do mundo e chegar ao porto da salvação eterna. Podemos, de

fato, esperar muito dela, porque, embora situada acima de todos nós, ela gosta de inclinar-se para o menor de nós, feliz por se dizer advogada dos infelizes e mais feliz ainda por se dizer mãe dos órfãos.

Oração

5. Ó Maria, doce mãe, mãe amada entre todas, vós sois a estrela no horizonte dos mares, a estrela que sorri aos navegantes perdidos, a estrela que conduz à enseada da paz. Oxalá suba a vós, oxalá suba, ó Maria, minha singela oração! E oxalá se eleve até vós também o impulso do meu desejo, ó minha rainha adorada. Defendei minha causa no tribunal do vosso filho, porque ninguém, diante dele, se encontra inocente.

(*Sermões ao noviços*, XXIII)

Homilia: A proteção de Maria

O poderio e o poder só são vantajosos nas mãos de um protetor se ele os exerce em favor dos protegidos.

I. A intervenção de Maria em favor de nós, pobres pecadores, é necessária, em todos os estados da vida. Mas sobretudo no momento das tentações – sobretudo então sua proteção nos é útil. As tentações não nos vêm somente do exterior; elas nascem em nós mesmos mais ainda do que em torno de nós.

II. Quais são elas? Cada um as sabe e conhece. Dirijamo-nos, portanto, a Maria no momento destas lutas interiores, para pedir-lhe socorro e para receber um consolo. *Solamen et dictamen*.

III. O fiel pede aqui a Maria a luz para conhecer o caminho dela e a ajuda para poder segui-lo corretamente. Dirijamo-nos a Maria, como a uma mãe e como a uma rainha.

Meditação: O papel da mãe em Maria

O que faz a grandeza e o encanto da maternidade na mulher é a dor e a ternura: a dor que dilacera o coração, assim como dilacera seu corpo, para dar a vida; a ternura que liga a criança à mãe e a mãe à criança, de maneira a formar um só ser, como se formasse uma só carne.

Todas estas características se encontram fisicamente na maternidade humana de Maria, em suas relações com Jesus e, misticamente, na maternidade espiritual de Maria em face dos cristãos e, mais especialmente, das religiosas e dos religiosos.

O poema do amor maternal, que cada mãe vive, muitas vezes sem o saber, se encontra em Maria com maior grandeza e mais brilho. É preciso saber compreendê-lo e meditá-lo para melhor senti-lo e traduzi-lo na vida: esta é a meta da meditação.

Prática – Oferecer a Maria, todos os dias, um sacrifício, por menor que seja.

Pensamento – A mãe é, na vida, a canoa e a estrela: *Stella et nacella*.

Capítulo 7
Grandezas e privilégios de Maria

Sumário
– I. Graças eminentes com que Deus a revestiu.
– II. Privilégios únicos com que a acumulou.
– III. Oração para pedir-lhe sua graça e sua mediação.

I

1. Para chegar a conhecer, pelo menos em parte, a grandeza e a dignidade da Virgem Maria, examina, em resumo, as graças eminentes com que Deus a revestiu, exaltando-a eminentemente acima dos anjos e dos santos no céu, acima de todos os homens na terra. Ela é a Virgem santa, ela é a mãe amada, da qual se diz, na Igreja, em todo o universo: "vós fostes elevada, santa Mãe de Deus, acima dos anjos, sobre o trono dos céus". Repassa com cuidado as proezas dos antigos patriarcas: é de sua linhagem que nasceu Maria, virgem e mãe ao mesmo tempo, como uma rosa sem espinhos, no meio dos arbustos.

2. Assim como outrora Cristo foi figurado, em seu nascimento, em sua morte e em sua vida, pelos patriarcas, pelos profetas e pelos reis, pelos juízes, pelos sacerdotes e pelos levitas, pelos doutores e enfim

também pelos escribas, em palavras, em símbolos e em sinais, da mesma forma, por uma ordem divina foi anunciada igualmente a Virgem Maria pelas virgens célebres dos tempos passados, pelas mães ilustres, pelas viúvas exemplares e por todas as mulheres que viveram em santidade.

II

3. Pelo testemunho das Santas Escrituras, Maria foi sempre, e continua sendo sempre, a virgem mais santa entre todas as virgens, a mulher mais bela entre todas as mulheres, a mãe mais suave entre todas as mães, a filha mais pura entre todas as filhas, a senhora mais doce entre todas as senhoras, a rainha mais ilustre entre todas as rainhas. Nela se encontram ao mesmo tempo, para ali viver e brilhar com um brilho sem igual, toda beleza virginal e todo encanto moral, todo pensamento divino e todo amor do coração, toda obra de virtude, todo bem de santidade.

4. Maria nunca teve, antes dela, alguém semelhante, não tem hoje uma idêntica e não terá mais, doravante, uma igual. Assim como outrora, entre os templos santos, o de Salomão foi o mais bem decorado, o mais rico, o mais célebre, o único, assim o templo simbólico de Maria supera em excelência os templos dos santos e merece, por si só, mais amor e glória.

Oração

5. Ó Maria, estrela que brilha no céu, virgem, rainha dos céus, soberana do mundo, nenhuma mulher pode ser comparada a vós, sejam quais forem as virtudes com que o céu a ornou, porque sois a única no meio dos eleitos. Deus Pai vos viu, desde antes dos séculos, e vos criou sobre a terra, completados os tempos, para fazer de vós a mãe de seu Filho.

6. Ó milagre inefável, ó alegria inesperada! Este Filho do Deus vivo, para salvar o universo, se torna vosso próprio filho e vós vos tornais sua mãe. Vós vos tornais assim nossa mediadora e a mediadora de todo o universo. Ó Maria, a mais bela de todas as mulheres, que o universo inteiro, portanto, vos glorifique, vos honre, vos cante e vos ame. Que toda criatura repita vossos louvores, no céu e na terra, agora e sempre. (*Sermões aos noviços*, Sermão XXV)

Homilia: A eminente dignidade da Mãe de Deus

I. Na linguagem evocadora da poesia, quando comparamos Deus ao sol, assimilamos Maria à lua, como o astro que vem logo após o astro maior. É assim na realidade: Maria é, depois de Deus, a mais bela e a maior maravilha do universo. A dignidade e a grandeza de um ser humano vêm de suas funções. Que grandeza mais sublime, que dignidade mais resplandecente do que as de "Mãe de Deus"? Os gregos haviam criado expressamente, para designá-la, uma palavra que só se aplica a Maria: *Theotokos*, "aquela que cria um Deus". Ao passo que as outras criaturas são criadas por Deus.

II. Na enumeração dos privilégios de Maria – a beleza, a doçura, a ternura, o poder, a força e a majestade – nada igual se encontra aqui na terra. Da mesma forma que o Templo de Salomão era único no mundo, assim Maria é única na ordem da criação. Mas, se a grandeza geralmente assusta, aqui ela atrai, porque à grandeza se liga a ternura, e a ternura de uma mãe.

III. Por isso, o autor pede a Maria, em sua oração final, o auxílio de seu poder e a proteção de seu amor: *Tutamen et solamen*.

Meditação: As grandezas e as ternuras de Maria

A enumeração dos privilégios de Maria é o mais belo panegírico, diz São Germano. Vós sois, ó minha mãe, o panegírico de todos os séculos e de todas as esferas. Vós sois grande e sois poderosa, vós sois soberana e sois senhora, vós sois rainha e sois mulher, vós sois aquela que nomeamos sempre e sois aquela que não podemos nomear à altura; vós sois a mãe e sois a inefável.

Vossas ternuras são as de um coração virginal, inseridas em uma carne de mãe. Assim como a mãe nos dá ao mesmo tempo algo de sua alma e algo de seu corpo, formando-nos em seu seio, também vós nos dais algo de vosso coração e de vossa substância, quando recebemos Jesus, vosso na Eucaristia. Ó grandeza inacessível! Ó ternura inefável!

Prática – Recitar muitas vezes as ladainhas da Santa Virgem, que são o resumo de suas grandezas.

Pensamento – Ó Maria, vós superais, em grandeza e em suavidade, todas as criaturas: *Tu supergressa es universas, ó Maria!*

Capítulo 8

Belezas e ilustrações de Maria

Sumário
- I. Em sua nação e em sua raça.
- II. Em todos os povos e em todos os lugares.
- III. Oração para pedir esperança e consolação.

I

1. Ó Maria, virgem ilustre, virgem sem mancha, gerada da raça fecunda dos patriarcas, nutrida na descendência santa dos sacerdotes, ó Maria, honrada com a dignidade dos pontífices, anunciada pelo coro dos profetas, herdeira da grandeza dos reis, filha ilustre da casa de Davi, glória suprema da tribo de Judá, Heroína sagrada do intrépido povo de Israel, símbolo vivo da nação santa, filha miraculosa de pais benditos, vós mereceis a glória e o louvor, vós mereceis a ternura e o amor.

2. Vós sois um tesouro entre todas as mulheres, vós que, desde antes do começo dos séculos, fostes escolhida para ser a mãe de Deus. Os patriarcas vos desejaram, ó Maria, os profetas videntes vos anunciaram, os justos e os reis vos interpelaram, o povo de Israel suspirou por vós, até o dia em que enfim aparecestes, ó Maria, para a salvação deste mundo em declínio.

II

3. Vosso nome é proclamado em todo o universo, ó Maria! Do nascer ao pôr do sol, em todas as nações – os judeus e os gentios, os gregos e os latinos, os romanos e os citas – por toda parte ele é anunciado com o Evangelho. Em todo lugar também, e todos os dias, vosso nome é pregado nas igrejas e nas capelas, nos claustros e nos campos, nos desertos. Ele é repetido pelos pequenos e pelos grandes, pelos sacerdotes e pelos doutores, pelos pregadores, que todos igualmente procuram vos louvar.

4. Sim, ó Maria, o coro dos justos, em conjunto, une seus acordes e suas vozes para cantar vossos atrativos, vossa graça e vossa santidade. Seu amor é tão grande, sua oração é tão doce, que eles podem sem jamais cansar-se cantar, contemplar, meditar e festejar vossos mistérios, lembrando as palavras da Sabedoria: os que me comem ainda têm fome deste pão; os que me bebem ainda têm sede deste vinho.

Oração

5. Vinde, portanto, ó Maria, doce virgem que eu amo! Vinde, minha esperança e minha consolação! Vinde, porque perto de vós, quando ouço vossa voz, parece-me que já possuo todos os bens, parece-me também que estou ao abrigo de todo mal. Recordando vossa doce clemência, venho refugiar-me sob vossa proteção, ó Maria. Vós, que sabeis sempre dar aos fracos a força, aos cativos a liberdade, sede para mim

toda misericordiosa, sede por vosso amor uma mãe para mim! Assim sentirei, por tê-lo provado, o quanto sabeis consolar com encanto. E o quanto podeis defender com sucesso todos os que vos servem fielmente. (*Solilóquio da alma*, cap. V)

Homilia: O esplendor da raça em Maria

I. A beleza perfeita traz um novo nome, que é o esplendor: o próprio esplendor é uma virtude. Toda virtude, com efeito, tem um lado ativo e um lado passivo: ela produz obras que vemos e é produzida por causas que não vemos. Em Maria, o esplendor e a ilustração operam estas maravilhas que fazem nascer o amor e a admiração, que arrebatam os corações e elevam as almas. Deixemo-nos arrebatar em direção a Maria: *Trahimur ad te*, canta a liturgia.

II. Este esplendor provém, em Maria, de sua raça e de sua descendência. Ela é a herdeira de uma linhagem real que remonta a Joaquim, a Salomão, a Davi, a Jessé, a Abraão, a Adão. Caule florido, ramo bendito que produzirá o fruto divino da Eucaristia: *Caro Christi, caro Mariae*, diz Santo Agostinho.

III. Peçamos igualmente a Maria, com o piedoso autor da Imitação, a esperança que é um embalo de consolação, aguardando a realização do amor no céu onde veremos nossa mãe e nossa rainha em todo o seu esplendor.

Meditação: A beleza feminina

A beleza não é somente um brilho, é também uma harmonia: é esta harmonia das proporções que constitui a perfeição. O homem que possuísse esta harmonia seria o homem perfeito. Mas há na beleza da mulher um desabrochamento mais luminoso e uma graça mais delicada, que constituem o encanto. Quer seja rainha ou pastora, grande dama ou simples operária, uma mulher pode sempre refinar-se mais do que um homem e chegar a esta beleza harmoniosa dos gestos senão das formas, que fará seu encanto particular.

Não duvideis que haja ali uma virtude, em vez de uma sedução, se for empregada a serviço do bem e ao aperfeiçoamento da alma. Tudo isso exige um esforço, e um esforço é sempre um ato de virtude. Cultivai, portanto, como diz São Francisco de Sales, vosso rosto e vosso coração, a fim de que o fogo que jorra neste coração ilumine vosso rosto com o brilho celeste, igual ao de nossa divina mãe Maria, a mais bela de todas as mulheres.

Prática – Fazer todos os dias um esforço para ser afável com todos.

Pensamento – Sois toda bela, ó Maria: *Tota pulchra es, Maria!*

Capítulo 9

Figuras e símbolos de Maria

Sumário
- I. Excelência e perfeição de Maria.
- II. Imagens e figuras.
- III. Símbolos e semelhanças.
- IV. Oração para pedir sua misericórdia e sua compaixão.

I

1. Honra, louvor e glória ao Deus Altíssimo, que vos concede, ó Maria, uma graça maior do que a de todas as mulheres neste mundo, e que, no outro, vos concede um lugar de glória junto ao seu trono, no mais alto céu, acima de todos os coros dos anjos e dos santos.

2. Ó gloriosa e admirável Virgem Maria, mãe e ao mesmo tempo filha de vosso Deus, vós mereceis toda honra e toda glória. Vós sois a maior em vossa humidade, a mais bela em vossa virgindade, a mais ardente em vossa caridade, a mais resignada em vossa paciência. Vós sois a mais doce em vossa misericórdia, a mais inflamada em vossa oração, a mais profunda em vossa meditação, a mais alta em vossa contemplação, a mais sensível em vossa compaixão, a mais iluminada em vosso conselho, a mais poderosa em vosso auxílio.

II

3. Vos sois, ó Maria, a morada de Deus e sois também, ó Maria, a porta do céu, o jardim das delicias, a fonte das graças, a glória do anjos, a salvação dos homens. Vos sois a arte da vida, o brilho das virtudes, a luz do dia, a esperança dos infelizes, a saúde dos doentes, a mãe dos órfãos.

4. Ó virgem das virgens, toda bela e suave, vós tendes ainda em vós, ó Maria, o brilho da estrela, o encanto da rosa, a beleza da aurora, a doçura a lua, a profundidade da pérola, o brilho do sol.

III

5. E sois também, ó Virgem toda doce, pura em vossa vida à semelhança da ovelha, simples de coração à semelhança da pomba, prudente à maneira de uma nobre senhora, submissa à semelhança de uma humilde serva. Ó Maria, árvore santa, cedro altaneiro e sublime, videira carregada de cachos de uva, figueira coberta de frutos, cipreste alto e forte, palmeira cheia de glória, em vós se encontram reunidos todos os bens, por vós nos são prometidas todas as alegrias.

6. Acorremos todos ao vosso encontro, ó Maria, como filhos ao encontro de uma mãe adorada, como órfãos ao encontro de uma mãe amada. Por vossos méritos, protegei-nos de todo mal, por vossas preces livrai-nos de todo perigo!

Oração

7. Ó Maria, rosa de ouro, suave e bela ao mesmo tempo, que subam a vós minhas orações veementes! Eis que bato à porta de vossa morada, seguro de obter vossa misericórdia no meio de minhas penas e de minhas tribulações. Sim! Vós sois a mãe das misericórdias e concedeis ao pecador a esperança do perdão. Vossa ternura, ó Maria, e vossa bondade superam tudo o que se pode dizer aqui na terra. Vós fostes elevada acima da glória, acima das honras que possuem os santos, acima das virtudes, da benignidade, da doçura e do encanto dos espíritos bem-aventurados.

8. E, se não fosse assim, ó Maria, como poderíeis derramar sobre os infelizes tantas doçuras e tantas consolações, tanta esperança e tanta contrição? Não, não podereis jamais esgotar-vos, porque em vós nasce a fonte de toda bondade. Vós sois o ornamento dos céus, a alegria dos santos e sois o tabernáculo do Santo dos Santos. Nossos antepassados suspiraram muito tempo por vós, a mãe escolhida e a vigem eleita para conceder a todos o perdão na terra, e para conceder a todos a felicidade no céu. (*Os três tabernáculos*, cap. III)

Homilia: Imagens e semelhanças entre a mãe e os filhos

I. As imagens e as figuras de Maria, na história e na vida, nos são dadas para levar-nos a amar e admirar nossa mãe, mas também para nos lembrar que devemos assemelhar-nos a ela. – A semelhança, mesmo física, entre a mãe e os filhos, é um fato tanto de adaptação quanto de raça. – Nós podemos, pela contemplação, chegar a esta semelhança com Maria, que pertence aos filhos de uma mesma mãe.

II. Se não chegamos à semelhança completa, podemos pelo menos chegar a uma reprodução geral do modelo, que faz dela uma imagem. – A Escritura dá as imagens mais doces e mais grandiosas de Maria. Ela é a morada de Deus, o jardim das delícias, a porta do céu, a estrela da manhã, a salvação dos enfermos, a mãe dos pecadores. Ela é a graça e a suavidade: ela é o sonho e a realidade de toda ternura.

III. É o cântico do coração, é a cantilena da poesia que lhe repetimos com o autor da Escritura, saudando-a como uma mãe admirável.

Meditação: O modelo e a imitação

Na pintura, o modelo é um alguém ou algo contemplado e amado, que o artista procura reproduzir o mais exatamente possível ou, pelo menos, imitar nas linhas gerais.

Assim devemos fazer ao contemplar Maria. Para nos formar à sua imagem, é preciso transformar-nos, porque ela é a beleza e nós somos a feiura: ela é formada por uma parcela da divindade e nós somos moldados de um punhado de argila.

Mas a argila é modelável e a marca divina põe nela um raio de luz e de fogo quando ela se deixa penetrar. – Abramos, portanto, nossos corações, abramos nossas almas à influência da graça. – É tanto mais fácil fazê-lo porque estamos nos braços de uma mãe.

Prática – Meditar, cada dia, um mistério da vida de Maria: *Contemplare et mirare.*

Pensamento: Quanto mais nos assemelharmos à Maria, tanto mais nos elevaremos até Deus.

Capítulo 10

A maternidade divina de Maria

Sumário
– I. Maravilha de grandeza para Maria.
– II. Maravilha de ternura para o mundo.
– III. Oração para pedir a proteção de Maria.

I

1. Eis que aparece uma maravilha nova na criação, por ordem de Deus sobre a terra: uma mulher esconde um homem em sua carne. Qual é esta maravilha, ó Senhor Jesus, senão vossa concepção pelo Espírito Santo e vosso nascimento da Virgem Maria? É o nascimento ainda não compreendido aqui na terra: ainda não teve semelhante na terra e nunca terá igual. Ó nascimento santo e verdadeiramente bem-aventurado que põe em fuga a antiga iniquidade e traz ao mundo uma nova santidade.

2. Levantai-vos, nova mãe, cantai, ó Maria, vós sois a mulher de que fala o profeta, vós sois aquela que, por vosso parto, mereceis esta glória inefável, esta glória indizível, porque trouxestes em vossas entranhas, ó Imaculada, encerrado no seio virginal, aquele que o universo inteiro não poderá conter: vós vos tornastes assim mais do que todo o universo. Pois esta criança divina que se faz vosso filho,

desde vosso seio já nos aparece como um homem, senão pela grandeza de seu corpo moldado, pelo menos pela virtude da divindade oculta. Sim, vosso filho, Jesus, ó bem-aventurada mãe, desde o primeiro dia de sua concepção já foi repleto de graça e de verdade.

II

3. Falai, portanto, falai ao coração de vosso servo, ó senhora, pois vosso servo escuta! Vós sois minha soberana, ó Maria, e mais ainda, digo-o com confiança, sois minha mãe, e Jesus, vosso filho, se tornou meu irmão. Sim! Vós o destes à luz não para guardá-lo só para vós, mas para entregá-lo ao mundo. Igualmente não quero mais dar o nome de mãe a outra senão a vós na terra, ó Maria, pois sois a mãe de Deus e minha mãe. Não existe, portanto, aqui na terra, mulher igual a vós pelo poder e pela beleza, pela grandeza, pela mansidão, pela caridade, pela doçura, pela compaixão, pela fidelidade e, enfim, pelo amor.

Oração

4. Quero hoje vos escolher como minha mãe e quero, ó Maria, confiar-me inteiramente a vós. Eu gostaria que esta escolha fosse confirmada para sempre por vós; porque para mim basta, ó Maria, poder estar unido a vós para sempre. Só então me alegrarei grandemente em vosso nome e proclamarei vossos

louvores, enaltecendo-os, por toda a eternidade, ó Maria! (*O vale dois lírios*, cap. VII)

Homilia: As funções da mãe

I. O papel da mãe é não só dar a vida, mas embelezá-la. Uma parcela de seu ser é transmitida pela mãe à criança. É a maravilha da criação que se renova.

A filiação espiritual tem, também, algo desta criação. Por isso, os filhos de Maria carregam em si um raio do céu. Como Jesus, que era feito da carne de Maria, nós podemos ser feitos de seu coração. Maria é verdadeiramente a Mãe de Deus: *theotokos*, aquela que deu à luz um Deus, como diz a Igreja grega. Mas ela é também a Mãe dos homens, *Mater viventium*, como canta a Igreja latina.

II. Após nos ter feito nascer para a vida da graça, Maria nos ajuda a aperfeiçoar em nós esta vida sobrenatural. A perfeição é composta por um todo harmonioso: o menor defeito desfigura o modelo. É preciso, portanto, empenhar-se em fazer desaparecer toda imperfeição. Pensamos nisso sempre?

III. O autor pede a Maria que o ajude a atingir esta meta e a cumprir este voto: assemelhar-se à sua mãe.

Meditação: A ternura maternal e a ternura filial

O amor do pai é um ato de força, turbulento e ativo. O amor da mãe é um impulso de compaixão, vibrante e passivo: traz um nome especial, que se chama ternura.

A ternura é um amor feito de inclinação e delicadezas. Ela é toda doçura e toda graça; ela é algo feminino.

Se é assim no coração da mãe, a mesma coisa acontece no coração da criança. Nós amamos com um amor diferente o pai e a mãe. O amor do pai é, na maioria das vezes, um ato de reflexão; o amor da mãe é sempre um impulso do coração.

O mesmo acontece na vida espiritual. É o que faz com que a devoção a Maria seja algo sempre doce e suave, algo que vem do coração. Ora, nós vivemos mais pelo coração do que pelo espírito.

Prática – Manter e olhar com fé as imagens e as medalhas.

Pensamento – É preciso pensar na mãe para elevar-se acima das tentações.

Parte II
Mistérios dolorosos

Capítulo 11

O piedoso patrocínio de Maria

Sumário
– I. Grandeza e beleza da ajuda de Maria.
– II. Poder e fecundidade de sua proteção.
– III. Oração para pedir-lhe seu auxílio.

I

1. Feliz aquele que sabe, já nesta vida, tomar Jesus e Maria, e os anjos e os santos, como guias no caminho e conselheiros na dúvida, como senhores no trabalho e leitores no repouso, como companheiros em sua casa e amigos fora dela, como assistentes nos combates e socorro nos perigos, como patronos na morte e juízes no juízo, como advogados junto a Deus e herdeiros no céu.

2. Tu que queres abandonar este mundo e seus atrativos, que Jesus e Maria sejam teus únicos amores; que Deus seja teu pai e Jesus teu irmão, que Maria seja, doravante, tua única mãe. Toma como amigos os anjos, como irmãos os infelizes, como companheiros os humildes e os pobres.

II

3. Eis a família santa e a raça fecunda, que Deus funda para ti e que ele ama. Sua base é a fé, sua força é a esperança, seus ornamentos são a paciência e a ca-

ridade. Vibra, portanto e canta, alma fiel, como cantou outrora Maria diante de Deus, vibrando no dia de sua grande alegria quando desceu nela Jesus, seu Salvador. Louva o Senhor, louva-o abundantemente e dize a Maria: Hoje me refugio junto a vós, ó minha mãe, e peço humildemente vosso apoio. Vós podeis, ó Maria, obter de Jesus tudo o que quiserdes pedir-lhe por nós.

Oração

4. Se estais conosco para lutar, ó Maria, quem ousaria se levantar contra nós? E se nos dais vossa proteção, quem poderá jamais nos rejeitar? Estendei sobre mim, estendei vossos braços, ó Maria, pois desejo fixar meu refúgio à sua sombra. Dizei à minha alma: sou tua advogada, nada temas. Como uma mãe consola seus filhos, assim eu te consolarei, meu filho. Como são doces as vossas palavras, ó Maria, e como vossa voz me consola, ó minha mãe! Concedei que meu coração a ouça sempre. (*As orações devotas*, Or. III)

Homilia: A influência da mulher e da mãe no mundo

I. A lembrança, assim como a vista, da mãe é o mais poderoso promotor da bondade no mundo. A vida dos povos civilizados é toda organizada para agradar à mulher: a poesia, a arte, a moda, tudo é feito para ela. Pode-se dizer também que é ela que faz nascer a poesia e a arte, quando ela sabe inspirá-la. Deste ponto de vista, a influência de Maria encontra-se marcada nas mais belas obras-primas da arquitetura e da pintura no mundo. Nada é belo sem a mãe na vida.

II. A mulher possui um encanto especial quando é mãe. A história dos povos é feita com as narrativas heroicas e os belos feitos realizados pelo amor maternal. Nem os gregos, nem os romanos teriam chegado ao grau de civilização e de beleza que admiramos sem o culto da maternidade.

Também a religião cristã é maior, mais bela e mais atraente à medida que o culto de Maria, a mãe e a mulher ideal, se desenvolve e se inscreve na prática e na arte.

Meditação: O poder da mulher

De bom grado, por sua própria natureza, a mulher gosta de proteger e de abraçar, como que para defender e atrair para si. É que o poder da mulher está em seu atrativo e em sua função, ao passo que o poder do homem está apenas em sua força. Os antigos haviam simbolizado estas funções dando aos reis um cetro de ferro e às rainhas um cetro de flores. Um domina por sua força, a outra por sua graça.

A graça é um poder ao qual ninguém resiste: um sorriso pode despedaçar ou transformar uma vida. Oxalá a mulher cristã se sirva deste poder para o bem. A piedade, diz São Francisco de Sales, deve tornar a mulher ainda mais graciosa, pois ela deve ter a graça divina e a graciosidade humana.

Prática – Procurar reproduzir, mesmo na forma exterior, a graça régia de Maria.

Pensamento – Maria é a beleza e a graça: *Speciosa et formosa*.

Capítulo 12

As alegrias e os júbilos de Maria

Sumário
– I. Excelência e grandeza de seus júbilos.
– II. Como podemos participar deles.
– III. Oração para pedir a alegria do coração e a serenidade da alma.

I

1. Nenhuma língua, aqui na terra, poderá dizer as alegrias e os júbilos da Virgem Maria. Nenhum razão poderá jamais compreender a abundância de seus regozijos de virgem, a grandeza de suas consolações de mãe. Porque, quanto mais abundante é a infusão da graça, tanto mais é numeroso também o dom do júbilo; da mesma forma, quanto mais frequentes são as visitas de Deus, tanto mais são ardentes também o desejo e o amor.

2. Imita, portanto, também tu a mãe do Salvador, a fim de seres contado no número de seus filhos. Procura igualmente, com atenção, seguir os passos de Maria no caminho das virtudes, a fim de chegar com ela à glória.

II

3. Mostra muita dor por tuas tibiezas passadas, por tuas faltas, infelizmente ainda não dominadas. Em seguida, reza a fim de que todas as criaturas glorifiquem o Senhor e observem suas leis. Por fim, agradece os benefícios divinos concedidos através da Mãe de Deus.

4. Presta-lhe toda honra e toda reverência, porque, se a lei natural obriga os filhos a amar sua mãe segundo a carne, quanto mais devemos manifestar afeição e mostrar ternura à Mãe de graça? É um dever amar, entre todas a mães, aquela que é ao mesmo tempo a Mãe de Deus, a Mãe da Igreja e nossa própria Mãe.

Oração

5. Como poderia eu estar triste em meu coração quando vós lhe dizeis vossas consolações, ó Maria? Como poderia temer o inimigo aquele que pode a todo instante recorrer a vós? Inclinai, portanto, ó Mãe cheia de ternura, inclinai vossos ouvidos às minhas humildes preces! Inclinai-vos, ó Mãe cheia de ternura, como Rebeca, a vosso servo, e dai-lhe algumas gotas a beber. Derramai em mim uma parte, por menor que seja, desta graça e desta doce consolação que está misteriosamente oculta em vós. Ela é, em todos os tempos, desejável por todos; ela é sempre,

igualmente, agradável de receber; ela me é indispensável neste momento. A gota mais leve instilada em meus lábios por vós, ó Maria, parece-me ao mesmo tempo tão poderosa e tão grande em sua excelência, que todos os prazeres fora dela, aqui na terra, parecem desprezíveis, sem valor e semelhantes ao nada. (*As orações devotas*, Or. III)

Homilia: As alegrias e os júbilos cristãos

A alegria é um sentimento que engrandece o coração e o faz bater com mais força. A alegria dilata, exalta e magnifica. A tristeza, pelo contrário, comprime e diminui a vida.

I. Maria, que teve, em sua vida, tantas causas de tristezas e tantos motivos de dores, é chamada, no entanto, pela Escritura, a mãe da santa alegria: *Mater pulchrae laetitiae*. O júbilo é a virtude que faz brilhar no exterior a alegria, para regozijar os outros. É, portanto, um ato de virtude que supõe um esforço e um dom de si mesmo.

II. Maria, mais que qualquer outra criatura, teve este dom e praticou esta virtude. A arte cristã, como a história religiosa, nos mostra sempre a Virgem no meio das flores, radiante de luz. É uma imagem, mas é a imagem de uma realidade serena.

III. Somos atraídos por esta serenidade e o coração é apanhado na contemplação divina. Pedimos, também, como uma graça, a alegria e o júbilo do coração, para traduzi-los externamente através dos regozijos cristãos, que dilatam as almas.

Meditação: O bom caráter

O caráter se forma, como se forma todo hábito de virtude. Ter um bom caráter é estar no caminho da perfeição.

O bom caráter é, em primeiro lugar, caráter, ou seja, firme e estável e não mutante e variável. Em segundo lugar, ele é bom, o que quer dizer agradável aos outros.

Só as pessoas que respiram a alegria têm um bom caráter. As pessoas que resmungam a propósito de tudo nunca têm um caráter agradável. São um fardo para os outros e para si mesmos.

Forma teu caráter, para que seja estável, policia-o, para que seja doce: acalma-o, para que seja serviçal. Estarás, então, à imagem de Maria, exultando de alegria e glorificando a Deus, em tua vida de todos os dias.

Prática – Para formar o caráter, é preciso muitas vezes saber despedaçá-lo, fazendo o que menos lhe agrada.

Pensamento – *Gaude et laetare, virgo Maria.* Alegrai-vos e regozijai-vos, ó Maria!

Capítulo 13

Os regozijos e as vibrações de Maria

Sumário
– I. Como Jesus é a fonte de seus regozijos.
– II. Como nós podemos participar de suas vibrações.
– III. Oração para pedir a graça da contemplação.

I

1. Minha alma vibrou diante de Deus, meu Salvador. Vibrai também, vibrai, ó Maria, porque dais ao mundo as alegrias de sua salvação. Regozijai-vos, ó Mãe Imaculada, porque conservais a honra da virgindade. Exultai de alegria, virgem tornada mãe, porque só vós fostes preservada das maldições que pesam sobre as mulheres.

2. Vós podeis realmente vibrar diante de Deus. Porque aquele que a terra e o céu reunidos, ó Maria, não podem conter, vós o tendes dentro de vós. Vós o aqueceis, vós mesma, em vossos braços. Vós o colocais, só vós, com alegria em seu presépio; só vós também, ó Mãe, podeis adorar Jesus, vosso filho, nascido de vós no tempo. Aquele que, acima de vós, antes do tempo, possui Deus como pai na eternidade. Só vós também cumpris os deveres de mãe ao Deus que vos confere a maternidade. Só vós, por fim, podeis exultar verdadeiramente naquele que vos torna sublime e celeste.

II

3. Que o céu e a terra vos louvem, portanto, ó Maria, que todas as criaturas repitam vossos louvores! Que meu coração vibre em vossa presença, que minha alma vos exalte, ó Mãe amada! A língua é impotente para proclamar vossas grandezas e o espírito para conceber vossas maravilhas. Por isso, só posso inclinar-me humildemente diante de vós, ó Maria, e dizer-vos suplicando: recebei-me em vossos braços, ó minha Mãe, ouvi com amor os suspiros do meu coração. E recebei comigo tudo o que me pertence. Minha alma está ofegante à vista de Jesus, porque sabe que só nele encontra sua felicidade. Mostrai-me, portanto, este tesouro de mistério que guardais oculto em vós, ó Maria!

4. Sim! Creio que ele é o filho único do Pai, e creio também que ele é vosso filho primogênito, nascido misteriosamente de vossa virgindade. Sei que ele é meu Deus, meu salvador e meu pai; e sei que ele quis assumir-vos como mãe. Oh! Quero vê-lo, vosso filho, por intermédio de vós, ó Maria, e quero, em seguida, adorá-lo em vossos braços. Ó Mae, vós o envolvestes com faixas, de modo que não pode ser visto sem vossa ajuda. E, se não vos dignais no-lo mostrar vós mesma, quem merecerá contemplá-lo algum dia? Somente por vosso intermédio temos acesso ao Filho, e por intermédio do Filho chegamos ao Pai.

5. Mostrai-me Jesus, portanto: ele basta para minha alma. Não procuro nem quero ter outro pai senão Jesus, vosso filho, meu Salvador e meu Deus. Ó Mãe, desejei com grande desejo ver este Jesus, que vós

amais mais do que todos! Minha alma suspira e quer contemplá-lo; meu coração vibra e quer possuí-lo.

6. Se queres, com Maria, ver Jesus, precisas em primeiro lugar possuir olhos puros. Se queres, com Maria, ver Jesus, te convém, em seguida, ser santo e piedoso. Se queres, com Maria, ver Jesus, importa para ti, por fim, abandonar a terra e elevar-te, pouco a pouco, para o céu.

Oração

7. Ó Maria, conheço meus pecados e minhas faltas. Sei que sou indigno de ver Jesus; no entanto, não tenho repouso enquanto não puder contemplá-lo. E não posso, tampouco, deixar de falar, porque sei que ele próprio quer ser invocado. Meu coração, igualmente, me leva a insistir, porque sei que também vós gostais que vos invoquem. Assim, portanto, ó minha Mãe, quero perseverar na oração e na contemplação. (*Sermões sobre o Natal*, 2º sermão)

Homilia: As grandes manifestações

A virtude cristã não só não exclui as alegrias, mas exige as grandes manifestações familiares e sociais, que constituem o encanto da vida.

I. Não é sem esforço que se chega a realizar estes atos. Um santo triste é um triste santo, diz São Francisco de Sales. A fonte da alegria, como também a causa do júbilo, está na imitação da vida na ação. Não fazer nada é estar triste. Quanto mais se atua mais o coração se dilata. Ele se eleva, inflama-se, exalta-se.

II. A verdadeira causa das manifestações sinceras de alegria, que perfumam a vida das famílias e das sociedades, é o próprio Jesus. Fora dele não há alegria verdadeira, fora dele não há nenhuma serenidade. Repara os povos sem religião e as pessoas sem crença. Tudo é sombrio em torno deles e tudo respira o tédio.

III. Não sejamos assim. Aproximemo-nos de Maria e contemplemos Jesus. Esta contemplação será ela própria uma lição e um atrativo.

Meditação: A serenidade e o sorriso

Mulher serena é mulher rainha – diz um velho provérbio. – A doçura e a serenidade, o sorriso e a graça são, com efeito, a força e o poder da mulher. – Muitas vezes são representados como defeitos e atrativos perversos. Isso é um erro e uma falsidade.

Saber usar estes atrativos e estas graças pode e deve ser também, para a mulher, uma virtude e uma prática de vida cristã.

O homem que encontrou uma vez semelhantes atrativos é cativado para sempre. A oração que a Igreja recita nas missas de casamento pede para a mulher estas virtudes de graça e de beleza.

Prática – Manter o sorriso e a graça em todas as circunstâncias da vida.

Pensamento – Vós sois, ó Maria, a mais bela das mulheres: *Speciosa et decora inter filias Jerusalem.*

Capítulo 14

O amor e a dor de Maria

Sumário
- I. Maria, nosso modelo no amor.
- II. Maria, nosso protótipo na dor.
- III. Oração para pedir a calma nas provações.

I

1. O menino Jesus permaneceu em Jerusalém após a festa da Páscoa e se perdeu; e, na volta, seus pais de início não se deram conta, nos diz o evangelista. Ó mudança inesperada! Ó mistério! Não teria sido melhor ter permanecido em Nazaré e não perder Jesus na viagem? Oh! Sim. Porque perder Jesus é ter perdido mais do que todo o universo e tudo o que ele contém.

2. Infelizmente, que festa pode haver para os pais no meio de uma provação tão angustiante? Pois não existe, para os tristes e os aflitos, infelicidade mais temida do que perder a única coisa que lhes pode ser um consolo. Só aqueles que sabem o que é amar podem compreender o quanto, nesta provação, a Virgem Maria deve ter sentido dor. Ah! Teria sido muito melhor se tivesse permanecido na solidão, oculta, em Nazaré, em vez de dirigir-se a Jerusalém para mostrar-se no Templo, por ocasião da solenidade.

3. Mas ela, a mãe da lei, queria observar plenamente os costumes e a lei, a fim de nos dar o exemplo de obediência. Por isso, deixou sua casa e sua cidade para dirigir-se, segundo os costumes prescritos, a Jerusalém com Jesus e José.

II

4. Foi também para nos mostrar a todos um modelo de paciência na dor que Deus permitiu que Maria perdesse seu filho; que, depois de tê-lo perdido, o procurasse chorando; que o encontrasse somente após três dias; que, após tê-lo reencontrado, levasse de volta consigo com mais alegria seu tesouro.

5. Igualmente, oxalá ninguém ouse presumir que possui Jesus só para si. Que também ninguém despreze os outros, porque ignora se ele próprio agrada a Deus. Assim, Jesus permanecia oculto para muitos e não se manifestava senão ao número restrito. Ele se manifestava, divinamente, quando queria e igualmente se ocultava, quando queria, agindo sempre com um objetivo e em vista de um bem.

6. Perder Jesus, portanto, não é espantoso; mas eu sinto que é um infortúnio para mim, um infortúnio – infelizmente! – muito sensível ao meu coração. Reconheço, no entanto, que é por minha culpa e que eu mereceria, muitas vezes, mais mal ainda, porque não soube guardar sempre meu coração. Estive re-

pleto de negligência e tibieza. Por isso, perdi a graça de meu Deus e não sei quem poderá, algum dia, restituir-me essa graça.

Oração

7. Vinde, portanto, em meu auxílio neste grande infortúnio, ó vós, Mãe de Deus e mãe da misericórdia! Socorrei-me, divina senhora! Ó Maria, vós que, no céu, dais acesso à vida, eu procuro em vós a paz e a felicidade. Vós sabeis quanto é duro perder Jesus e também quanto é doce reencontrá-lo. Se esta provação foi enviada a vós, ó Maria, a vós que éreis sem pecado, por que me espantar se é imposta a mim, que tantas vezes ofendi meu Deus? O que devo fazer para reencontrar Jesus?

Ah! Se há para mim alguma esperança de reencontrá-lo, é em vosso auxílio que o ponho, ó Maria! É em vossa ajuda e em vossos méritos, ó vós que lhe sois mais cara e lhe estais mais próxima do que tudo! Ensinai-me, portanto, a procurar o bem-amado até que encontrá-lo eu também, ó Maria, e acompanhai-me vós mesma.

Cantarei, então, convosco, na alegria: "Felicitai-me, porque encontrei o bem-amado, o bem-amado do coração, que minha alma deseja". Este bem-amado, ó Maria, é Jesus, vosso filho! (*O encontro de Jesus no Templo*, 2º sermão)

Homilia: O sofrimento e o amor

Amar é sofrer, diz o Eclesiastes. E, no entanto, a única coisa que se busca no amor é não sofrer, ou melhor, no amor verdadeiro, é não fazer sofrer.

I. Mas, para amar verdadeiramente, é preciso saber sofrer regiamente. Maria pode ser nosso modelo nesta delicada arte, que, por assim dizer, esculpe a alma, como os golpes de martelo moldam a obra de arte no mármore a polir. Quem amou mais do que ela? E quem sofreu mais?

II. Como ela sofreu? Como rainha, como mãe e como mulher – com dignidade, com paciência, com amenidade. Saber compreender assim as dores de Maria é quase saber imitá-las. Uma palavra traduz muito bem este estado: é a palavra Compaixão. Se Jesus sofreu e suportou sua Paixão, Maria conheceu, junto a ele, a união em seus sofrimentos, e sua Paixão é a Compaixão.

III. Guardemos esta palavra em nossa vida. Mantenhamos este exemplo diante de nossos olhos. Saibamos sofrer e amar, como Maria e com Maria.

Meditação: O amor maternal

Não existe amor mais doce: não existe amor mais forte. Mas é realmente o amor? É mais do que amor, no sentido comum desta palavra, mas é também menos do que ele.

O amor maternal nasce do próprio amor: é como a flor e o fruto. Mas o próprio amor é a raiz e o tronco desta bela árvore que embeleza o paraíso terrestre.

O amor, aliás, só é tão belo e tão sedutor por causa dos frutos que produz e das flores que faz desabrochar na alma do pai e da mãe.

A paternidade e a maternidade estão, em germe, em todo amor que nasce no coração do homem e da mulher. É o que aumenta e eleva este sentimento tão belo e este impulso tão poderoso que nada lhe resiste sobre a terra.

Maria conheceu, mais do que qualquer mãe, a força e a ternura deste amor. José conheceu todas as suas delicadezas e sentiu todos os seus encantos.

Prática – Amar Maria como se ama sua própria mãe.

Pensamento – Imaculado coração de Maria, eu vos amo!

Capítulo 15

Os exemplos e os conselhos de Maria para procurar e encontrar Jesus

Como precisamos procurar Jesus a exemplo de Maria

Sumário
– I. É preciso procurar com perseverança e devoção.
– II. Com insistência e compunção.
– III. Oração para pedir a paz nas aflições.

I

1. Ouve meus conselhos, imita meus exemplos, ó meu filho, e então serás consolado. Se te acontece às vezes perder também Jesus, não desesperes, não relaxes, não cesses de entregar-te à oração, não procures as consolações da terra, mas permanece em retiro e chora sobre ti mesmo: só então reencontrarás Jesus e o encontrarás no templo do coração.

2. Não é nos cruzamentos da cidade, nem nas assembleias dos que se divertem, nem nas reuniões da terra, que Jesus se encontra, mas somente no meio dos justos, em companhia dos santos.

II

3. É nas lágrimas, ó meu filho, que é preciso procurar aquele que perdeste nos prazeres. É pelas atenções

que precisas manter aquele que abandonaste pela negligência. É pela humildade que precisas chamar aquele que afastaste pelo orgulho. É pela oração que é preciso atrair aquele não ouve os corações levianos.

4. É com temor e tremor que é preciso suplicar ao que não ama o orgulho e a preguiça. É com reconhecimento que é preciso louvar aquele que está sempre disposto a conceder sua graça. É com um amor ardente que é preciso amar aquele que ama a todos e que perdoa a todos: aquele que concede a todos suas graças sem arrependimento, aquele que nunca abandonou ninguém.

Oração

5. Ó Maria, ó mãe, quando as portas do céu estão fechadas por causa de minhas iniquidades; quando em toda parte o acesso me é interdito; quando toda força e todo conselho me abandonam e não posso ajudar-me a mim mesmo em nada; quando o tédio da vida e a dor do coração me comprimem a ponto de não amar mais nada; quando o sol da alegria se transforma em noite de luto; quando as consolações do alto desaparecem e o desespero me invade por todos os lados; quando os ventos das tentações se levantam e as ondas das paixões se encrespam; quando a própria doença sobrevém e todas as adversidades se reúnem para formar uma tempestade e abater-se sobre mim, para onde poderia eu fugir e a quem recorrer, senão a vos, ó Maria, a única que sabe consolar o pobre e ajudar o infeliz.

Para quem poderia eu voltar meu olhar, a fim de chegar sem obstáculos ao porto da salvação, para quem senão para vós, estela do mar, ó Maria, que brilhais sempre no firmamento e que sempre mostrais a tocha da graça. (*Solilóquio da alma*, cap. VI)

Homilia: Os dissabores e as penas na vida cristã

I. A vida é um estranho conjunto de alegrias e tristezas. Para quem sabe considerar muito bem tudo, parece que as alegrias ainda são superiores às tristezas. Mas os dissabores e as penas imprimem no coração humano uma marca mais rude do que a das alegrias e por isso os sentimos com mais angústia. Quanto mais o coração é sensível e delicado, tanto mais os sofrimentos são vivos. Maria, que tinha uma natureza mais refinada do que a natureza de todas as outras criaturas, deve ter sentido também com mais intensidade as dores físicas e os sofrimentos morais.

II. A angústia, o terror, o temor, o medo, a inquietude, o dissabor, todas as penas do coração se abateram sobre ela, desde o Presépio até o Calvário. Todos os sofrimentos, a pobreza, as preocupações, o abandono, as longas esperas, as vigílias inquietas, todas as penas de um coração de mãe vieram assaltá-la. Ela as suportou todas com firmeza, com calma, com serenidade.

III. Não há lição mais atraente para nós, não há modelo mais consolador. Olhemos para Maria. Ouçamos Maria, nossa mãe e nosso protótipo.

Meditação: A inquietude e as preocupações

Entre as dores do coração, a inquietude e as preocupações são as duas mais frequentes e as duas mais dolorosas, para nós e também para os que nos cercam.

O inquieto não é capaz de nada: *irrequietus*, diziam os latinos, ou seja, sem base e sem apoio. O preocupado está absorto em sua preocupação e não vê nada além.

Para curar-se desta doença, é preciso, em primeiro lugar, saber refletir e pensar e, em segundo lugar, querer e agir. O trabalho, mais do que o resto, elimina as preocupações: ele ocasiona, por outro lado, a cura mediante o resultado obtido no esforço.

O esforço: aqui está tudo, na vida da alma, como na vida do corpo; *age quod agis*: faze bem o que fazes, diz o Provérbio da experiência, e terás êxito.

Quem melhor do que Maria nos poderia oferecer um modelo e uma lição? Olhemos para ela e imitemo-la.

Prática – Nunca deixar aparecer nossas preocupações e manter-nos sempre serenos diante do mundo.

Pensamento – Mostremo-nos aos outros como gostaríamos de vê-los diante de nós.

Capítulo 16

As dores e os sofrimentos de Maria

Sumário
- I. Dores do coração.
- II. Sofrimentos da alma.
- III. Oração para pedir o apaziguamento do coração.

I

1. Maria não viveu um dia sem sofrer e, no entanto, no meio dos maiores sofrimentos, nunca esteve sem consolações. É que toda dor suportada por causa de Jesus traz à alma uma doçura e uma alegria. Quanto mais sofremos, oprimidos sob os golpes, tanto mais merecemos os favores da graça.

2. Sim. Maria sofreu e sofreu com dor, por causa dos pecados de um grande número de pessoas. Sofreu igualmente com o justos, com os provados pelas tentações e pelas penas. Ela sofreu ainda pela ingratidão dos homens, aos quais Deus enviou seu Filho a fim de lhes reabrir o paraíso perdido; e pela perda obstinada dos maus que se recusam a ouvir o Verbo de Deus e preferem as coisas da terra ao céu. Ela sofreu por ver os justos oprimidos e os ímpios, sem Deus, vitoriosos em toda parte, os pobres desprezados e os ricos exaltados.

3. Ela sofreu ainda por ver, em todos os lugares, a tibieza mostrada no serviço de Deus e a prontidão em ofendê-lo. Ela sofreu por ver o mundo entregue ao mal, recusando-se a volver os olhos para a luz que o próprio Deus vinha trazer ao mundo. Tudo isso foi, para esta mãe de coração compassivo, como um feixe de espadas transpassantes; e, no entanto, mostrou-se paciente – sempre, sofrendo em silêncio uma vida de martírio, derramando lágrimas pela salvação dos homens.

II

4. Se queres penetrar mais, e ver o que ela sofreu por ocasião da Paixão, descobrirás então, meditando sua vida, que ela provou tantos golpes de amargura quantos instantes Jesus viveu sobre esta terra e teve membros transpassados sobre a cruz. E quando Jesus sofreu uma injúria sem que Maria sentisse um golpe? Se ela sofreu duramente quando o perdeu por alguns dias apenas no Templo, quanto mais vivamente deve ter-se angustiado quando o viu morrendo pregado na cruz?

III

5. É um fato conhecido por todos os corações que amam que o amor maternal supera em compaixão todos os amores e todas as ternuras. Se, portanto, queres conhecer a fundo a dor da mãe, em Maria, sonha com a excelência e a profundidade de seu amor de virgem.

Oração

6. Vinde, ó Maria, mãe terna e suave, visitar minha alma em sua tribulação. Só vós podeis trazer a paz, porque só vós sabeis suavizar os sofrimentos do coração. Vinde estender a mão ao servo caído, vinde erguê-lo novamente pela graça! Apressai-vos, ó Maria, mãe escolhida de Deus, a mostrar a nós todos, mais uma vez, a abundância de vossa comiseração. Como vedes, estou reduzido ao estado mais miserável; mas, no entanto, não vos esqueci e não vos esquecerei jamais, ó minha mãe! (*Sermões aos noviços*, Sermão XXV)

Homilia: A doença e o sofrimento

I. Entre as dores humanas, a doença tem sofrimentos e tristezas que não encontram semelhantes. Ela dilacera o corpo, ao mesmo tempo que corrói a alma. Maria conheceu, ao pé da cruz, o sofrimento mais angustiante e a dilaceração mais violenta. Não lemos que ela tenha sofrido uma doença propriamente dita. Seu corpo imaculado não devia conhecer nossas enfermidades. A própria morte foi para Maria uma dormição em vez de uma definhamento.

II. Mas, se Maria não sofreu doença, teve que suportar todos os outros sofrimentos: as dilacerações do coração, as amarguras da separação, as angústias da incerteza. Aprendamos dela a suportá-las com força, senão com amor. É preciso ter a alma de Maria e o coração de Santa Teresa para dizer com fé: ou sofrer ou morrer. Nós dizemos mais naturalmente: viver e desfrutar.

III. Peçamos a Maria, rainha, virgem e mártir, como a chama a Igreja, que nos ensine a suportar as dores e a doença, com a calma de uma rainha, com a doçura de uma virgem, com a força de uma mártir.

Meditação : Os sofrimentos do coração

Os sofrimentos do coração são, às vezes, os sofrimentos que nós próprios criamos para nós; outras vezes são os sofrimentos que os outros criam para nós. Eles sempre dilaceram e mortificam a alma e corpo ao mesmo tempo.

É nestas circunstâncias que é preciso olhar mais alto: olhar para a cruz e olhar para Maria, de pé aos pés da cruz.

Stabat: Maria se mantinha de pé e não deprimida, nos diz São João. É um modelo e um apoio. Maria é uma mãe que dá o exemplo e a força a quem sabe contemplá-la.

Prática – Oferecer a Maria os sofrimentos da doença.

Pensamento – Coração imaculado de Maria, tornai meu coração semelhante ao vosso.

Capítulo 17

As amarguras e as angústias de Maria

Sumário
- I. Amarguras da separação.
- II. Angústias da compaixão.
- III. Martírio da transfixão
- IV. Oração para pedir a contrição do coração.

I

1. Ela, a mãe de Jesus, Maria, permanece sozinha ao pé da cruz, sozinha e de pé – nos diz o Evangelista em seu relato divino. Após a lembrança da cruz de Jesus, a mais bela lembrança é a de Maria, sua mãe, que teve a coragem de permanecer sozinha de pé junto a seu filho moribundo nesta cruz, e morrendo para salvar da morte o universo.

2. Ó espetáculo comovente da mãe e do filho! Da mãe que sofre e do filho que consola; da mãe que chora e do filho que sorri; da mãe que permanece de pé junto à cruz e do filho pregado nessa mesma cruz; da mãe que suspira e do filho que expira! Ó imensidade de dor, digna de permanecer impressa para sempre no coração dos cristãos!

II

3. Pilatos escreveu na madeira este título para a cruz: Jesus de Nazaré, rei do judeus. Escreve também tu, mas escreve no coração, este título contra os escárnios dos homens e contra os assaltos tenebrosos dos demônios. Serás, unicamente pela força deste nome, libertado de todos os ataques dos malvados.

4. Age assim, portanto, e grava no coração estes títulos de Jesus, suspensos na cruz: encontrarás então, junto de ti, Maria de pé como estava junto à cruz, intercedendo por ti, na hora das tentações e da morte.

III

5. Nenhuma mãe jamais sentiu neste mundo, ao dar à luz um filho amado, uma alegria semelhante à de Maria, a única que teve como filho o próprio filho de Deus. Nenhuma mãe igualmente experimentou uma dor igual à de Maria por ocasião da morte de seu filho. Maria precisou sofrer, em sua compaixão, todas as dores de seu filho na paixão.

6. Com efeito, ela se mantinha junto à cruz, entre lágrimas, de pé, e seu coração sentia, a cada dor, uma dor semelhante à de uma espada que o atravessava com amargura. Foi realmente uma maravilha ela poder sobreviver em seu corpo virginal a um sofrimento semelhante, porque sua alma experimentava, a cada tortura, uma tortura igual à de seu filho.

7. Ó Mártir inefável! Inefável dor de uma mãe, mais cruelmente angustiada em seu coração, à vista de seu filho que expirava, do que um mártir em seu corpo sobrecarregado de tormentos!

Oração

8. Ó Mãe, sei que não sou digno de elevar meus olhos até o vosso rosto admirável, até este rosto santo, aureolado de glória, que os anjos do céu admiram de joelhos! Vós me apareceis, ó mãe, adornada de rosas de púrpura e de folhagem de ouro e permaneço amedrontado por minha impureza! No entanto, ó Maria, por causa de vossas bondades, conservo, apesar de tudo, a esperança firme de obter novamente a graça do perdão, se vos dignardes ainda interceder por mim. E o que poderia eu querer, esperar ou desejar obter da mais indulgente das mães, e da mais compassiva das virgens, senão o perdão e a consolação, na calma e na alegria de um arrependimento sincero? (*Enchiridion monástico*, cap. V)

Homilia: Os sofrimentos e as lágrimas

I. O Evangelho que nos fala muitas vezes dos sofrimentos de Maria não diz jamais que ela chorou; ela, no entanto, o diz de Jesus: *lacrymatus est*. Também Maria deve ter chorado: o choro é um transvasamento do coração. Mas as lágrimas não devem abater.

II. Sofrer é uma ciência. É preciso ter um coração que sinta muito forte a dor, que sangre e que se exalte, mas que saiba vencer-se e submeter-se à razão e à fé.

III. Ó Maria, sede nosso modelo, nos sofrimentos e nas lágrimas! Sede também nosso sustentáculo e nossa consolação!

Meditação: O tédio e a fadiga

Nada é mais triste, na vida espiritual como também na vida natural, do que o tédio. Nada é mais deprimente e nada é mais desanimador do que o sentimento do tédio. É preciso, a todo custo, lutar contra esta invasão, que destrói pouco a pouco a própria vida e que a torna penosa para a própria pessoa e para os outros. O tédio gera a fadiga, e a fadiga produz a inércia e a morte.

Uma alma que se entedia é uma alma que não age. Para curar o tédio, é preciso primeiramente trabalhar. Os latinos davam ao tédio um nome que lembra a morte: *Taedium*.

Fujamos do tédio como se foge de um flagelo que ameaça propagar-se. Por isso, Maria, na Escritura, é chamada mãe da doce alegria: *Mater sanctae laetitiae*.

Prática – Nunca deixar que os outros sintam o tédio que podemos ter.

Pensamento – Ó Maria, sede nossa alegria e nosso júbilo: *Causa nostrae laetitiae*.

Capítulo 18

Como é preciso sofrer a exemplo de Maria

Sumário
- I. Com força e magnanimidade.
- II. Com coragem e longanimidade.
- III. Oração para pedir a indulgência e o perdão.

I

1. Se amas verdadeiramente tua mãe Maria e se desejas verdadeiramente seu patrocínio, no meio de tuas próprias tribulações, permanece com ela de pé junto à cruz. Participa, de todo o coração, de suas dores de mãe e das dores de Jesus, seu filho bem-amado: ela estará então junto a ti até a morte. Aquele que medita muitas vezes e com amor sobre as dores suportadas por Jesus e sobre as lágrimas derramadas por sua mãe, esse pode ter uma total confiança na misericórdia e na piedade de Deus, e ao mesmo tempo também em sua afeição e na afeição de sua divina Mãe.

2. Oh! Como será feliz, na hora da morte, a alma que, todos os dias de sua vida, amou com verdadeiro amor Jesus e Maria, e todos os dias estabeleceu sua morada junto à cruz em união com Jesus e com Maria!

II

3. Feliz aquele que, desprezando aqui na terra todo consolo, escolhe Maria como consolo e como mãe na vida! Sem dúvida alguma, na hora da morte, esta mãe dirá a seu filho a santa e doce palavra que consola o pobre e ajuda o órfão.

4. Se amas Jesus, vem tomar a sua cruz; caminha com a cruz, permanece junto à cruz; abraça esta cruz e não a abandones até chegares perto daquele que faz a glória da cruz.

5. Se queres também, em tuas tribulações, apesar da dor, encontrar algum consolo, dirige-te a Maria, virgem e mãe ao mesmo tempo, à mãe que vigia junto à cruz, à virgem que chora ao pé desta cruz. Todo sofrimento desaparecerá então para ti ou, pelo menos, parecerá mais leve e mais doce, comparado com as dores da Virgem Maria.

Oração

6. Venho novamente pedir-vos, ó Maria, Mãe de Deus e minha mãe, que me olheis com um olhar favorável e me contempleis com um coração compassivo, hoje, amanhã e na hora da morte. Recebei-me como filho sob a vossa proteção: estendei sobre mim, maternalmente, vossos braços, todo o tempo, mas sobretudo na minha última hora.

7. Lembrai-vos de mim e vinde assistir-me, vós que sois minha soberana e minha mãe. Consolai mi-

nha alma amedrontada consigo mesma, ó vós, minha única esperança em minhas tribulações. Defendei-a contra os assaltos do demônio, a fim de que ele não ouse aproximar-se jamais dela, em presença de vós que vos dignais visitá-la. Obtende-me também, eu vos conjuro, por vossa piedosa intercessão, ó Maria, o perdão, a indulgência junto a vosso filho, que, infelizmente, tantas vezes e tão gravemente ofendi com minhas faltas e minhas iniquidades. (*O jardim das rosas*, cap. IV)

Homilia: A resistência e a resignação

I. Existem no homem duas forças, uma positiva, que é a ação, e uma negativa, que é a resignação. Para resistir sem fraquejar, é preciso resignar-se. Mas a resignação não deve ser desânimo: a resignação é uma virtude e o desânimo é um defeito.

II. É preciso saber sofrer e resignar-se, mas a exemplo de Maria, com força e com magnanimidade, ou seja, com uma grande alma e uma grande vontade. O sofrimento, assim suportado, purifica e não abate. Sabemos sofrer assim?

III. Peçamos a Maria que nos ensine e nos apoie neste aprendizado da vida. A paciência, no sentido original da palavra, significa a ciência do sofrimento. Peçamos esta ciência pela intercessão de nossa mãe.

97

Meditação: A força de caráter

Um mau caráter é uma doença: o espírito que está sujeito ao mau humor está doente e comunica ao corpo sua doença. O mau caráter é variável: é rabugento, mutável, caprichoso, brutal. Carece de ponderação e de medida.

Pelo contrário, o caráter se torna bom quando é forte, constante, invariável. Não mudar de opinião a toda hora é ter a força de caráter, é aproximar-se de Deus, que é imutável no bem.

Para afirmar seu caráter é preciso refinar seu espírito e endurecer seu corpo no sofrimento. *Fortiter agere et pati*, diziam os estoicos: o cristão, marcado com a cruz, deve saber dizê-lo melhor ainda e praticá-lo melhor ainda.

Prática – Suavizar seu caráter habituando-se a obedecer com solicitude.

Pensamento – Agir sempre com força e energia: *Fortiter age*.

Capítulo 19

Como é preciso servir a Jesus a exemplo de Maria

Sumário
– I. Com alegria e solicitude.
– II. Com sinceridade e contentamento.
– III. Oração para pedir assistência e perseverança.

I

1. Quais são, entre as criaturas dotadas de vida, as mais elevadas no céu e quais são as mais humildes sobre a terra? Não é Jesus? Não é Maria? Jesus se faz, por nós, o servo de todos e Maria se denomina a si mesma uma serva. A terra, no entanto, proclama a grandeza, e o céu reunido canta a dignidade sublime de Jesus e de Maria, aqui embaixo e lá em cima.

2. Oxalá possas unir tua voz a estas vozes, para cantar os doces nomes de Jesus e Maria! É bom também pôr-se a serviço dos que, antes de tudo, se fizeram nossos servos. Sim. Serve ao Senhor, filho dos homens, serve àquele que primeiro se dignou servir a ti. Serve também a Maria: também ela te deu o exemplo de ser humilde e de servir. É um dever para ti, e é de teu interesse honrar antes de tudo estes dois potentes modelos. É preciso também invocá-los todos os dias, a toda hora, pois eles têm o poder de vencer o inimigo e de proporcionar-te as alegrias da vitória.

II

3. Por conseguinte, em qualquer circunstância, recorre a Jesus e ao mesmo tempo recorre também a Maria. Expõe-lhes sempre tuas necessidades e tuas penas. Confessa teus pecados e chora tuas omissões: recupera a esperança e aguarda a graça.

4. Se infelizmente cais com facilidade, apressa-te em reerguer-te mais depressa ainda. As orações sinceras são sempre ouvidas, e os gemidos verdadeiros são sempre escutados. Os anjos, por sua vez, se regozijarão por causa de ti, vendo-te lavado das torpezas do pecado. Quanto a ti, evita doravante o pecado: Maria te obterá o perdão de Jesus. Em seguida, presta a Jesus e a Maria a honra que lhes é devida: Jesus e Maria te concederão, então, a assistência e a força.

Oração

5. É a vós, ó Jesus, meu Senhor e meu Deus, a vós, ó Maria, mãe de Deus e minha mãe, que quero confiar meu corpo e minha alma. Só vós sois minha esperança e meu socorro, em minhas penas e em minhas tribulações. Que vossa ternura e vossa afeição me sustentem em todo lugar! – Esta é minha única oração. (*Enchiridion monástico*, cap. IV)

Homilia: As forças latentes na vida

I. Existe em cada um de nós um poder oculto, uma força latente, que são pessoais, que nenhum outro possui. Não existem, com efeito, duas almas exatamente idênticas. É estas forças ocultas que é preciso cultivar e exercer para chegar à perfeição.

II. Isto vale no domínio espiritual como também no mundo da matéria. Os seres de talento, os santos só chegaram a este estado superior, que constitui o heroísmo, utilizando as forças especiais de sua alma, ao mesmo tempo que as disposições materiais de seu corpo.

III. *Nosce teipsum*. É preciso conhecer-se a si mesmo para aperfeiçoar-se todos os dias. A perfeição não é obra de um dia, mas o coroamento de uma vida. Por isso é preciso, antes de tudo, pedir a perseverança.

Meditação: O contentamento consigo mesmo

Existem pessoas que estão sempre descontentes com tudo e descontentes consigo mesmas. Descontentes com a felicidade do outro, descontentes com sua vida e com sua sorte. É um pequeno defeito e é uma imperfeição.

Quem quiser, como o filósofo cristão, olhar atentamente ao seu redor, não apenas acima mas também embaixo, verá facilmente que não é justo pensar assim.

Sem chegar ao pessimismo, que diz que é preciso se contentar com pouco, importa reagir acerca de si mesmo e julgar melhor a si mesmo. Menosprezar-se a si mesmo não é uma virtude: a humildade assim entendida seria um defeito.

Tenhamos uma grande confiança em nós mesmos! Ampliemos nosso pensamento e nossa afeição! Quem se conhece corretamente, se ama corretamente: e quem se ama se exercita. Tenhamos confiança em nós!

Prática – Nunca se deixar abater por um fracasso ou por uma provação.

Pensamento – Se me comparo, me julgo feliz.

Contentus sua sorte – dizia Sócrates.

Capítulo 20
Como é preciso agir a exemplo de Maria

Sumário
– I. Nos sofrimentos e nas provações.
– II. Nos trabalhos e nos perigos.
– III. Oração para pedir a confiança e o abandono em Deus.

I

1. Minha lembrança viverá pelos séculos dos séculos nos diz o Eclesiastes pensando em Maria. Maria, humilde em tudo e pobre em todas as coisas, modelo de paciência e de perfeição, desde o dia do nascimento até o dia da morte, viveu, pobre e oculta, uma vida de sofrimento. Tu que sofres, achega-te a ela, todos os dias, e procura todos os dias o que poderias depositar a seus pés, como aos pés de uma mãe, em homenagem solícita de respeito e de amor.

2. Se queres desfrutar no céu, com Maria, sofre a pobreza, na terra, com Maria. Toma como modelo, em seguida, sua pobreza e os exemplos de sua humildade. Foge, primeiramente, dos divertimentos dos homens; vigia, em seguida, para nunca ofender, por palavras vãs ou por ações indignas, nem Jesus, teu Deus, nem Maria, tua mãe.

II

3. Com efeito, não é falta simples e leve ofender protetores tão benévolos. Eles veem, todo o tempo, como trabalhas e como procuras corrigir-te; e, de acordo com teus esforços, regulam seu socorro. No entanto, seu amor supera tuas malícias e sua bondade estimula sempre ao arrependimento.

4. Se reconheces que erraste até agora, muda tua resolução para melhor. Persevera no bem e sabe render graças por todos os bens recebidos. Foi assim que Maria soube agir, em sua vida de união com Jesus na terra. Aprende, pelo exemplo desta doçura, a suportar assim os dissabores da vida, para submeter-te em tudo aos desígnios desconhecidos estabelecidos por Deus a teu respeito, desde toda a eternidade. Jesus será, então, para ti um protetor e Maria uma mãe amorosa e fiel. Sê, por tua vez, um filho devotado, um servo fiel, sempre disposto ao bem.

Oração

5. Salve Maria, virgem cheia de graça, o Senhor está convosco na serenidade. Eu vos saúdo, única esperança dos pobres! Eu vos saúdo, doce mãe dos órfãos! Revelei a vós até agora, só a vós, meus males, e os revelarei, doravante, com mais segurança ainda, porque sinto que uma grande virtude se desprende de vós e que de vosso nome exala um perfume que aromatiza o coração e reconforta a alma.

6. Ó doce nome de Maria, nome de graça e de encanto, nome sempre doce de pronunciar e suave de pensar, nome formado nos céus, nome trazido pelos anjos, nome recomendado aos homens pelo Evangelho, quando diz, como uma espécie de elogio: o nome da virgem escolhida era: Maria. (*Orações místicas*, cap. VI)

Homilia: A ação e o esforço

I. A ação é o sinal da vida: viver é agir, no domínio da vida espiritual, como também no campo da vida corporal. Mas a ação não ocorre sem esforço, e o esforço supõe um trabalho. Existe exemplo mais belo de trabalho do que o de Maria? Olha-a no Templo, em Nazaré, em Jerusalém. Olha-a tecendo o manto inconsútil do menino Jesus, no esplêndido quadro da *Mater admirabilis*.

II. Maria trabalha na oração e no recolhimento. Muito mais, seu trabalho é uma oração. Rezar, com efeito, é elevar nossa alma para Deus. Ora, o trabalho não deve apegar-nos à terra, mas nos ajudar a subir ao céu, mediante o esforço e o impulso do coração.

III. Mas o trabalho é duro: o trabalho é rude. Por isso, é preciso unir ao trabalho a oração, que nos transporta sobre as asas do amor para o céu, com Maria.

Meditação: O caráter

O caráter é o que assinala com uma marca indelével cada alma e cada indivíduo. No sentido original, o caráter é uma impressão, com ferro em brasa, sobre um tronco de madeira. A marca assim impressa cresce com a árvore e permanece visível.

Assim deve ocorrer com a alma. Ter caráter é um elogio para todo homem: ter um bom caráter é uma magnificência para a mulher. A virtude não é outra coisa, porque também a virtude é uma marca duradoura.

Para ter caráter é preciso saber sofrer. Vejamos em Maria nosso modelo e nosso protótipo. Que belo tipo e que belo caráter, feito de força e suavidade! Do Presépio ao Calvário, ela aparece sempre bela, sempre boa e sempre forte. Podemos imaginar um modelo mais sedutor? Imitemo-lo sempre.

Prática – Habituar-se a manter a igualdade de humor em todas as circunstâncias.

Pensamento – Dizer muitas vezes com Maria: Senhor, faça-se em mim de acordo com a vossa vontade: *Fiat mihi secundum verbum tuum.*

Parte III
Mistérios gloriosos

Capítulo 21

A vida interior de Maria

Sumário
- I. Solidão e silêncio.
- II. Trabalho e meditação.
- III. Oração para glorificar Maria em seus dons.

I

1. Permanece de bom grado na solidão e no silêncio a fim de poder melhor rezar. É assim que Maria permanecia com o anjo, sozinha em seu retiro e falando só com ele. Um anjo então virá igualmente a ti e te anunciará as maravilhas do céu. Ele será para ti uma ajuda e um guardião e, diante dele, o espírito do mal fugirá para longe.

2. Ocultar-se e calar, a exemplo de Maria, é o único meio de ter a paz no coração e obter de Deus o dom da oração. Olha a abelha ávida de colher seu mel: ela percorre as flores, mas sem se apegar a elas; logo que estiver carregada com seu suco, ela foge apressadamente em direção à colmeia e vai esconder o mel, a fim de poder saboreá-lo durante o inverno, na solidão e na calma da paz. Ela esconde assim a fragrância dos perfumes, por medo de, ao sair para voar de cá para lá, perder também o fruto de seu trabalho.

II

3. Aliás, os perfumes bem vedados em seu vaso perfumam mais e se conservam melhor. Os que são deixados a descoberto, pelo contrário, não tardam em perder seu sabor e seu aroma. Da mesma forma, as flores pegas muitas vezes com as mãos se deslustram do brilho e perdem seu frescor. A flor só pode florescer na terra dos jardins: ela não está ao abrigo atrás das paredes. Assim, as rosas nascidas à sombra dos cercados desabrocham rapidamente e perfumam por muito tempo, ao passo que as semeadas pelos caminhos perdem seu perfume, definham e morrem.

4. Igualmente a tocha acesa em pleno vento está sujeita a se apegar, ao passo que aquela que se oculta no lampadário está sempre acesa. É assim que acontece com nossa devoção: ela se conserva e cresce no retiro, ao passo que se evapora e se perde no ruído.

5. Três coisas são necessárias para o homem em toda parte, três coisas agradam a Deus, a Maria e aos anjos: o trabalho das mãos contra o peso do corpo, a amor ao estudo contra o tédio do coração, o selo da oração contra a arte do demônio. Ama, portanto, a solidão e trabalha muitas vezes se queres ter em ti a paz do coração.

Oração

6. Sois doce e bela, ó Maria, minha mãe, santa mãe de Deus, toda cheia de graça. Só poderá enumerar vossas virtudes quem puder enumerar as estrelas do céu. Tanto o céu visível parece elevado e sublime acima da terra, quanto vossa vida aparece exaltada acima de nossas vidas. Só vós mereceis ter sido escolhida, desde toda a eternidade, como mãe de Deus e ter sido, ao mesmo tempo, consagrada pelo Espírito, saudada pelos anjos, instruída pelo arcanjo e coberta pela sombra do Senhor. (*O vale dos lírios*, cap. IV)

Homilia: A vida da consciência

I. É nas solidões da consciência que ocorrem os mais belos mistérios da vida, diz Lacordaire. Quem pudesse penetrar no interior de Maria, contemplaria ali com enlevo esplendores dignos do céu. É na solidão e no silêncio que se elabora esta vida íntima, que a mística denomina vida interior. Maria a viveu em companhia dos anjos, na intimidade de Jesus. Que modelos para nós! Mas também que esforços!

II. É pelo trabalho e pela concentração que se forma a seiva da vida corporal; é pelo trabalho e pela meditação que se elabora o alimento da vida espiritual. Maria é para nós um modelo sublime disto, um modelo eminente que devemos procurar reproduzir.

III. É a graça que pedimos na oração exultante que lembra os dons e os privilégios interiores da Mãe de Deus, que é também nossa mãe e nosso modelo.

Meditação: A vida do coração

Viver pelo coração é viver duplamente. Sem dúvida, toda vida parte do coração; mas, da mesma forma que o coração bate mais forte nas horas de angústia e de amor, assim ocorre na vida da alma.

O que denominamos vida do coração é a vida afetiva, a subida do calvário, a busca da perfeição. Ama e faze o que quiseres, diz Santo Agostinho. É a filosofia do amor e da vida interior.

O coração de Maria, mais do que qualquer coração humano, conheceu a ternuras do amor e as angústias da dor. Coração de mãe e de mulher, coração de virgem e de mártir, moldado em uma carne imaculada e transformado pelo contato do próprio coração de um Deus, enquanto o coração de Jesus e o coração de Maria permutavam o mesmo sangue e viviam da mesma vida. Coloquemos nosso coração junto ao seu.

Prática – Procurar fazer sempre alguma coisa por amor ao próximo.

Pensamento – Coração de Maria, santuário da dor e do amor: *Amori e dolori sacrum*.

Capítulo 22

As obras e os exemplos de Maria

Sumário
– I. Contemplar as virtudes e as obras.
– II. Reproduzi-las na vida e na ação.
– III. Oração para exaltar as grandezas de Maria.

I

1. Meu coração é mais doce do que a colmeia de mel e minha herança é mais doce do que seu favo. É com toda verdade que estas belas palavras, palavras da Sabedoria eterna, são ditas de Maria, a mãe de Jesus, nosso Salvador. Jesus é doce para nós, Maria é toda doçura; neles não há nem amargura nem tristeza, mas sim compaixão, doçura e caridade, enfim, misericórdia incansável para sempre. Feliz quem se apega aos exemplos de Jesus! Feliz quem se confia ao amor de Maria! Ele encontrará sempre ajuda e apoio junto a eles.

2. Recolhe, portanto, em um feixe de lembranças, as ações e as palavras de Jesus sobre a terra. O que ele fez, o que ele disse: encontrarás nessas palavras e ações mais do que todos os tesouros do mundo. Medita, também com atenção, medita as palavras e os atos de Maria: eles serão para ti uma ajuda e um apoio, mais doce ao coração do que os bálsamos e perfumes.

II

3. Assim como o corpo, para viver, precisa de alimento e, para perfumar, precisa de aromas, também a alma, para permanecer viva, precisa de virtudes e, para permanecer forte, precisa de meditações. Quanto mais a alma se entrega às coisas elevadas, tanto mais ela se confia a mestres excelentes, melhor adquire a ciência brilhante dos santos, e mais depressa chega às alegrias dos bem-aventurados.

4. Mestres sublimes e modelos de santidade são para nós, em todos os lugares, Jesus e Maria; mantém-nos sempre, portanto, na medida do possível, diante dos olhos e depois contempla-os sempre. Une--te a eles; entra em seu íntimo. Onde quer que te falem dos mistérios de Jesus, nosso Salvador, e de Maria, sua mãe, ouve atentamente e pensa muitas vezes no que os nomes de Jesus e de Maria contêm de força e de doçura para ti.

Oração

5. Santa Maria, mãe de Deus, sempre virgem, enriquecida, aqui na terra, com tantos favores que, em sua imensidade, o espírito do homem não pode nem compreender nem contar, eis-me diante de vós, eu, vosso servo humildemente inclinado ao sopé de vosso trono, com todo o ardor de um coração que sabe amar. Vós estais elevada acima dos arcanjos, santa

mãe de Deus, e o mereceis, porque fostes a mais humilde das mulheres. Encontrastes graça aos olhos de Deus, ó virgem toda bela e mãe incomparável. Não existe aqui na terra, nem lá em cima no céu, criatura digna de ser comparada a vós. Por isso, novamente, dobro o joelho humildemente diante do escabelo dos vossos pés, ó Maria, a fim de melhor repetir os vossos louvores com lábios santos e um coração sem pecado. (*O vale dos lírios*, cap. X)

Homilia: A ação e a devoção

I. Agir, em latim, é o contrário de sofrer. A ação supõe o exercício da vontade; a inação, pelo contrário, é sempre uma paixão ou um apagamento. Assim como a ação supõe a energia, a inação lembra o declínio. As belas ações fazem belas vidas. Assim, Maria se eleva acima das outras mulheres pelo impulso das suas obras e pela força de sua ação. É um modelo a ser reproduzido.

II. O esforço tentado de imitar, mesmo de longe, esse modelo, já é um ato meritório. O esforço contínuo constitui uma virtude e a virtude eleva, embeleza e transforma. O fruto desta prática se chama devoção: a verdadeira devoção é, com efeito, ativa e não passiva. Devotar-se quer dizer dar-se.

III. Em uma oração inflamada de lirismo, o autor pede a Maria que lhe ensine a agir e a devotar-se, como ela agiu e como ela mesma se devotou.

Meditação: O esforço pessoal

O esforço é um ato que custa e que supõe coragem e energia: coragem moral, coragem civil, coragem militar, tudo se encaixa. O esforço exige o domínio de si, o caráter decidido e a vontade firme. O desânimo é o oposto do esforço pessoal. A exemplo de Maria, é preciso saber erguer-se contra as dificuldades e permanecer de pé apesar das provações. *Stabat*: A Virgem Maria se mantinha de pé junto à cruz, diz o Evangelista São João, que ali a acompanhava.

É a atitude que convém ao imitador de Maria, que quer seguir Jesus até o Calvário e não só até a fração do pão.

Prática – Nunca mudar de resolução, depois de decidir uma ação.

Pensamento – A vós, ó Maria, ofereço minhas forças e minhas fraquezas.

Capítulo 23

Como é preciso meditar a exemplo de Maria

Sumário
– I. Rezar com intenção correta.
– II. Meditar com impulso de amor.
– III. Oração para pedir a Maria guarda e proteção.

I

1. Antes de empreender uma obra de piedade, antes de começar um trabalho ordinário, primeiramente ergue sempre os olhos para o céu, em seguida invoca Jesus e Maria e, por fim, confia-te à sua proteção divina. Oferece a Deus, primeiramente, a ti mesmo e tuas ações; tuas obras se tornarão então meritórias; elas serão, ao mesmo tempo, agradáveis a Deus, úteis ao próximo e proveitosas para ti mesmo.

2. Oxalá tua intenção seja sempre correta e tua vontade orientada para o bem. Trabalha em silêncio e fala raramente; mas oxalá tua oração se dirija a Deus, sem cessar, todos os dias, pelo nome três vezes santo de Jesus. Começa, aqui na terra, a cantar, a amar e, pela intercessão de sua mãe Maria, a louvar Jesus e Maria, a fim de merecer, lá em cima, reinar com eles no céu, repetindo sem cessar sua glória e seu nome.

II

3. Louvar Jesus é ter a doçura e o encanto na alma; louvar Maria é ter a beleza. Quando tua alma estiver na alegria, canta; quando ela estiver na tristeza, reza. Quanto mais te exercitares no louvor, tanto mais sentirás crescer em ti o amor, e tanto mais verás crescer a devoção.

4. Não esqueças e não serás esquecido; sê atencioso, vigilante sobre ti mesmo, e encontrarás também o zelo e a atenção. É preciso ter sangrado sob os golpes da provação, é preciso ter sentido o peso da adversidade para saborear a alegria da união com Deus e apreciar melhor também sua graça.

5. Feliz aquele que sabe ouvir as advertências de Jesus e de Maria, em vista de sua emenda. Ele encontrará a alegria se conheceu as lágrimas, porque a piedade, no coração divino de Jesus, supera em excesso o horror dos nossos pecados, e o coração de Maria é um tesouro sem fim de misericórdia e de compaixão por nós.

Oração

6. Ó Maria, recebei, na volta do exílio, minha pobre alma, extraviada nos perigos deste mundo, e guiai-me vós mesma até a porta do céu, a fim de introduzi-la nas alegrias do paraíso. Colocai-me junto a vós e dizei a Jesus a palavra doce e suave, a palavra

do perdão. Vós que recebestes da boca do anjo o *ave* consolador da saudação, concedei-me poder repeti--lo muitas vezes em honra do vosso nome cheio de doçura. Recebei, ó Maria, minha rainha e minha mãe, a oração ardente do vosso servo e lançai sobre ele, do alto de vosso trono, olhares de ternura e de misericórdia. (*O jardim das rosas*, cap. VII)

Homilia: A oração do coração

I. A oração é uma ciência, mas também uma virtude. O espírito age na oração, como o coação vibra. Sem estes dois elementos a oração é uma fórmula inútil, ao passo que deve constituir um ato humano. Nada é mais belo do que a atitude do homem que reza: nada é mais comovente do que a vista de uma mulher em oração. Repara as orantes das Catacumbas.

II. Novamente, aqui, o modelo na oração, como o protótipo de toda vida cristã, é para nós Maria. A orante é, aliás, a própria imagem, às vezes o retrato, da Mãe de Deus. Ela reza, com os braços estendidos, como que para elevar-se sobre asas desfraldadas.

III. Nossa oração é assim? Em nós não é muitas vezes o corpo sozinho que reza? Peçamos a Maria a ciência da oração e a graça de sua proteção.

Meditação: A meditação

Meditar é uma palavra misteriosa que, na linguagem da Igreja, quer dizer refletir e examinar com uma aspiração de amor. Meditar não é somente pensar, mas elevar-se para Deus.

Maria, nos diz o Evangelho, conservava as palavras da Escritura em seu coração. Eis o verdadeiro modelo da meditação: na vida mística, é pelo coração como também pela inteligência que se medita.

A meditação pode ser breve, contanto que seja eficaz: ela deve ser eficaz nas resoluções que inspira, ou seja, é destinada a preparar a ação e o esforço.

Prática – Não passar um só dia sem fazer uma breve meditação.

Pensamento – Ó Maria, ensina-me a meditar, seguindo vosso exemplo!

Capítulo 24

Como é preciso honrar e glorificar Maria

Sumário
– I. Pelo pensamento que eleva a alma.
– II. Pela ação que alarga o coração.
– III. Oração para pedir a força e a coragem.

I

1. Oh! Oxalá pudesses progredir no louvor e no amor de Jesus! Oxalá pudesses, dia após dia, servir melhor à sua divina mãe e melhor honrá-la! Mas infelizmente, és fraco, frouxo e negligente, muitas vezes culpado e carregado de pecados, indigno até de nomear Jesus e Maria; como então poder louvá-los dignamente? O louvor é mal visto nos lábios do pecador. A santidade só pode ser louvada dignamente pelos próprios santos e não pelos pecadores. O que fazer então? Calar, ou então falar? Infeliz de ti se guardas silêncio: infeliz também se falas indignamente.

2. Como agir, portanto, a fim de encontrar misericórdia junto a Deus e não merecer censura? Nada melhor, para atrair o amor de Jesus e a compaixão de sua divina mãe, do que humilhar-se em tudo, e sempre, e colocar-se sempre em toda parte no último lugar.

3. Mantém uma opinião humilde acerca de ti mesmo e considera-te um nada para o bem: Deus te será propício e te perdoará e Maria suplicará por ti e te consolará. Longe de seres confundido em sua presença, receberás, pelo contrário, por teus louvores, uma recompensa abundante e sem fim.

II

4. Se não podes fazer melhor em tua vida, faze pelo menos, em tudo, o que depende de ti: tua intenção fará para ti as vezes da prática, até poderes ser mais bem sucedido. Oxalá os que são fervorosos e cheios de devoção rezem com fervor e com devoção; e os que só têm pouca paixão e ardor, ofereçam pelo menos o pouco que têm a Jesus, pelas mãos de Maria, a mãe da paixão.

5. Infelizmente seríamos indignos, por nós mesmos, de comparecer na presença da mãe de Deus e de falar para suplicar dignamente diante dela, se Maria não chamasse, ela própria, os pecadores, na assembleia consoladora dos santos, segundo a palavra amada do profeta régio: "O humilde e o pobre virão louvar vosso nome".

Oração

6. Reconfortai, ó Maria, por vossas santas palavras, minha alma dolorida e meu coração abatido! Dizei so-

mente uma palavra e, novamente, encher-me-ei de coragem em vossas consolações. Não peço um socorro difícil, ou uma obra impossível, mas apenas que digais ao coração e à alma esta palavra íntima de encorajamento, a única que pode devolver-me a alegria e o júbilo. Venho até vós como um filho abandonado: recebei-me com um sorriso de mãe, ó Maria, a fim de que vosso servo arrependido saiba que encontrou a graça e o perdão. Dai-me o socorro que meu coração solicita e a consolação que minha alma deseja: dai-os a mim sem tardar, ó minha mãe! (*Sermões aos noviços*, sermão XXV)

Homilia: A honra e as honras

I. A honra é o sentimento de sua própria grandeza e a alta consideração de sua dignidade. As honras não são senão os sinais exteriores do valor interior. Depois de Jesus, ninguém é maior do que Maria. Só a ela oferecemos um culto de hiperdulia, acima do culto prestado aos santos.

II. Como podemos nós testemunhar-lhe este culto e esta devoção? O autor no-lo diz: ampliando nosso coração. O que é ampliar nosso coração? É enchê-lo de sentimentos sublimes e de resoluções heroicas.

III. A santidade não é senão um heroísmo constante. Por nosso próprio esforço não podemos chegar a este estado sublime. Por isso também supliquemos a Maria que nos ajude com sua proteção.

Meditação: A humildade e a humilhação

A humildade é, às vezes, considerada um rebaixamento de si mesmo por si mesmo. Não é assim que deve ser considerada na vida espiritual. A humildade seria, então, uma humilhação, o que não é uma virtude.

Podemos ser humilhados por qualquer um, mas só podemos praticar a humildade por nós mesmos. A humildade, portanto, é apenas o sentimento de nossa própria inferioridade diante de Deus. Maria se proclama uma humilde serva do Senhor, mesmo sendo a mãe do Salvador, a rainha do céu e da terra. Sejamos humildes como ela, mesmo reconhecendo nossa dignidade de cristãos.

Prática – Habituar-nos a nunca melindrar-nos pela falta de atenção a nosso respeito.

Pensamento – O Senhor exalta os humildes, diz Maria no cântico do Magnificat.

Capítulo 25

Como é preciso dirigir-se a Jesus por Maria

Sumário
– I. Pela comunhão espiritual.
– II. Pela comunhão sacramental.
– III. Oração para pedir a devoção e o recolhimento.

I

1. Feliz aquele que vem cada dia, com cuidado, oferecer a Jesus e a Maria suas homenagens, seus cantos e seus louvores, seu coração e seu amor! Feliz quem os invoca e suplica! Oh! Que doçura há no nome de Jesus, que doçura há também no nome de Maria! Feliz o peregrino que, no tempo do exílio, se lembra constantemente da pátria lá de cima, onde Jesus e Maria, cercados de coros de anjos, o esperam para desfrutar durante a eternidade!

2. Feliz o viajante que não procura uma morada aqui, mas sempre aspira a reinar e viver com Cristo no céu! Felizes o pobre e o indigente, que cada dia vêm pedir seu pão à mesa do Senhor, e que não cessam de insistir, com súplicas, até terem recebido algumas migalhas! Feliz aquele que, chamado ao festim do cordeiro, se aproxima todos os dias do banquete do altar, aguardando a ceia eterna do céu!

II

3. Todas as vezes que o fiel comunga ou que o sacerdote oferece o santo sacrifício, todas as vezes eles recebem, em união com Jesus e com Maria, o pão da alma. Quem comunga se torna, por isso mesmo, o apóstolo de Jesus, o pajem de Maria, o companheiro dos santos, o irmão dos apóstolos, o familiar de Deus e o pai dos santos, enfim, o herdeiro da felicidade do céu.

4. Foge do tumulto, evita o devaneio da alma, guarda com cuidado teu coração e teus sentidos, se queres agradar a Jesus e a Maria. Receberás, então, todos os socorros do alto e todas as vezes que pedires ajuda, no meio dos riscos, no mais grave dos perigos, serás ouvido pelo próprio Mestre.

5. Foi assim que outrora, em uma tarde de tempestade, os apóstolos, amedrontados, apelaram a Jesus e imediatamente Jesus, aproximando-se deles, lhes disse: Por que tremeis? Tende fé: sou eu mesmo que estou aqui, não temais.

6. A voz de Jesus tem a doçura que consola, a força que sustenta, a alegria que tranquiliza, a graça que absolve, a bondade que perdoa. A voz de Maria também reúne e acrescenta à doçura do mel a força do favo.

Oração

7. Oh! Como me será doce, agradável e suave ouvir vossa voz, ó Maria, minha mãe. E que voz? A voz carinhosa e divina ouvida por João, o discípulo bem-amado, esta voz que dizia: "meu filho, eis aqui tua mãe". O apóstolo a ouviu dos lábios de Jesus: eu quero ouvi-la de vossa própria boca. Ó Maria! Dizei, portanto, a vosso servo: "Meu filho, eis aqui tua mãe? Ei-la aqui junto a ti". A esta voz minha alma, avivada de júbilo, encontrará a força e o consolo, como os encontra um filho ao reencontrar sua mãe. Sim. Que ela venha aos meus ouvidos, que ele venha ao meu coração, vossa voz entre todas suave, ó Maria! Vossas palavras fecundas de mãe farão descer sobre mim os dons do Espírito Santo. (*Enchiridion monástico*, cap. V)

Homilia: A comunhão espiritual

I. A comunhão espiritual consiste no desejo ardente de receber a comunhão sacramental. Maria, aqui mais que todos os santos, pode nos servir de modelo e de protótipo. Antes mesmo de receber em seu seio o Filho Divino, Maria aspirava a comungar, em pensamento, com Deus. Por seu amor, ela atraiu Deus para si, diz São Bernardo.

II. Assim deve ser, para todo cristão, a comunhão espiritual. Na comunhão, o comungante é transformado naquilo que ele recebe, não o contrário, como na manducação material. Quando comungo, dizia Rodin, absorvo uma força que me transforma.

III. Para chegar a esta transformação a alma precisa do recolhimento e da devoção, ou seja, a oblação completa de todo o ser a Deus. É por Maria que esta oferenda é a mais agradável a Deus. Dirijamo-nos, portanto, a Jesus por Maria.

Meditação: A devoção

A devoção é a oferenda, feita a Deus, daquilo que há de melhor na criatura. Por isso, a devoção não pode existir sem a oblação total do coração e da vontade.

A devoção é um ato misterioso e sublime. É um dom e uma oferenda: é também o apanágio da mulher e da virgem, mais ainda que do homem de ação. É algo doce e extático.

Mas é um êxtase que toda alma pode atingir, pelo esforço da pessoa sobre si mesma. É preciso dar e dar-se para se devotar: e devotar-se é realmente ter a devoção.

Imitemos Maria, também aqui, e lembremo-nos de que Maria age na sua vida pelas virtudes e não pelas palavras.

Prática – Recolher-se por um momento todas as noites, antes de dormir.

Pensamento – Ó Maria, oferece-nos a Jesus, em vossos braços, como uma mãe vos oferece seu filho.

Capítulo 26

A intercessão maternal de Maria

Sumário
- I. Razões para pedi-la.
- II. Condições para merecê-la.
- III. Oração para glorificar Maria.

I

1. É uma prática salutar entre todas o hábito de evocar a memória da santa e gloriosa Virgem Maria e confiar-se a ela no perigo, como uma criança infeliz se confia à sua mãe. O nome de Maria, invocado frequentemente, traz segurança e conforto à alma; e Maria, por sua vez, está sempre pronta a dizer a seu Filho a palavra de graça, em favor de quem sofre e carrega o peso das dores.

2. Se, com efeito, Maria não intercedesse ao céu em favor do mundo, como o próprio mundo poderia subsistir no meio dos pecados, na imundície dos vícios onde ele quer permanecer?

3. Se é um dever de todos os fiéis invocar Maria, é uma obrigação para os religiosos e as almas piedosas. Com efeito, eles fazem profissão de virtude e aspiram à perfeição do céu, afastando-se do mundo e das coisas do mundo.

4. Mas, em primeiro lugar, o que é preciso pedir a Maria? Primeiramente, o perdão dos pecados cometidos; em seguida, o dom da virtude da continência; enfim, a graça de praticar a humildade, porque só a humildade agrada a Deus. Precisas ainda buscar a pobreza e não gloriar-te dos dons recebidos, se não queres perder teus próprios bens.

II

5. Geme por estar ainda longe destas qualidades, as únicas que podem merecer o nome de virtudes: a humildade sincera, a pobreza completa, a obediência total, a caridade perfeita. Todas estas qualidades, em sua perfeição, se encontram reunidas simultaneamente em Maria. Prostra-te, portanto, a seus pés como um pobre e como um mendigo e vem pedir pelo menos uma parcela destas belas virtudes, as únicas que podem levar à perfeição que ninguém pode atingir sem elas.

6. Tudo o que desejas obter, pede-o por Maria, porque seu poder se estende sobre a terra e sobre o purgatório. Sua glória é elevada e sua graça é poderosa, acima dos arcanjos, dos anjos e dos santos, junto ao Deus que faz sua grandeza e sua glória. Mas este poder, estas glórias e estes favores ela os tem para distribuí-los a nós que vivemos aqui na terra e que nos aproximamos para pedi-los.

7. Confia-te, portanto, como um filho, com amor, à ternura e à afeição desta mãe cujas orações são recebidas junto a Deus. Mas pede somente o que pode agradar a seu Filho e ser útil para tua salvação; ela conhece melhor do que tu mesmo tuas necessidades.

8. Pedir perdão dos seus pecados, permanecer humilde, é o que mais agrada a Deus e a Maria. Foi, com efeito, unicamente por sua humildade que Maria se glorificou diante de Deus, ao passo que sempre guardou silêncio sobre as outras virtudes e sobre as outras graças. Humildade em todo lugar, humildade em tudo.

Oração

9. Vem, portanto, ó minha alma, vem abraçar aquela que amas! Cobre com teus beijos Maria, tua mãe e mãe de Deus. Beija também seu filho Jesus, o mais belo dos filhos entre todos os filhos dos homens. Vós, ó Maria, estais acostumada a ouvir a oração dos pobres e dos órfãos e nunca mandais embora inconsolados os que perseveram em vir suplicar-vos. Vós sois, ó Maria, virgem e mãe de um Deus, vós sois a árvore misteriosa e viva, gerada da cepa eterna dos reis, a árvore que produziu a flor misteriosa anunciada para a salvação do mundo inteiro: Jesus, nosso Salvador e salvador de todos, ao qual seja dada honra e glória pela eternidade. (*Da disciplina claustral*, cap. XIV)

Homilia: A proteção de Maria e os objetos de piedade

I. A intercessão maternal de Maria traz um nome mais familiar ao coração, o de proteção. Proteger é interceder e também intervir e dirigir. É justamente o papel de Maria junto aos fiéis. Mas é preciso também pedir esta proteção. Ora, muitas vezes temos na vida espiritual veleidades em vez de vontades enérgicas. Vontade significa um esforço e o esforço só pertence à coragem.

II. Para receber esta proteção de Maria é preciso também merecê-la: o pedido e o esforço já são um motivo para obtê-la. Querer ter confiança, agir, renovar suas resoluções, multiplicar seus atos de vontade – eis os meios para obter esta proteção.

III. Existe, pelo contrário, a confiança cega e levemente supersticiosa, que às vezes ligamos aos próprios objetos de piedade. Estes são apenas sinais e não geradores de piedade. A devoção deve ser esclarecida, ativa e elevar-se acima das pretensões da terra.

Meditação: A confiança e a superstição

A confiança é uma virtude e supõe a fé e a razão: a própria palavra, aliás, o indica. Confiamos ou nos confiamos a alguém que acreditamos ser superior a nós mesmos e é a razão que guia.

Na confiança cristã, aliás, a razão é atraída pela graça. Na superstição, pelo contrário, nos confiamos a forças cegas, imaginárias e inexistentes. A razão se extravia e a alma se ofusca. A vontade se torna inativa e o caráter ou a energia se esboroam pouco a pouco.

A superstição possui graus. É preciso evitar até as aparências que muitas vezes se apresentam sob o aspecto de vãs observâncias. A devoção a Maria é, às vezes, malcompreendida neste sentido. Não é mais devoção, mas parvoíce.

Confiar-se, devotar-se, elevar-se, aperfeiçoar-se – eis a devoção que agrada à nossa mãe.

Prática – Examinar-se, todas as noites, para saber qual esforço pessoal foi feito durante o dia.

Pensamento – Quem se confia a Maria será salvo, diz Santo Efrém.

Capítulo 27

A frequente invocação de Maria

Sumário
- I. Vantagens desta oração.
- II. Frutos desta prática.
- III. Oração para enaltecer Maria.

I

1. Semelhante à mirra odorífera, eu concedo e concedi a suavidade dos perfumes. Recolhe, ó meu filho, recolhe com cuidado os exemplos e as ações de Maria. Ela é esta mirra odorífera e escolhida que produz um perfume e um fruto: Jesus. É ela que traz à terra e aos homens a abundância das doces consolações.

2. Guarda no fundo do coração o nome de Maria e serás, igualmente, consolado. Ser amado por Maria é um tesouro: O amor de Maria extingue o fogo das paixões e traz à alma o frescor das virtudes. O amor de Maria ensina a desprezar o mundo e a servir a Deus na humildade. O amor de Maria afasta sempre do mal e reconduz sempre à prática do bem.

II

3. Ama, portanto, Maria com um amor especial e receberás dela graças especiais. Invoca Maria e terás a vitória. Honra Maria e terás a felicidade. Duas graças particulares são fruto da devoção à Virgem Maria: a primeira é saber louvar a Deus na prosperidade; a segunda é poder conservar a paciência na adversidade.

4. Foi assim que Maria glorificou sempre o Senhor, pelos benefícios recebidos de sua mão com abundância aqui na terra. Foi assim que ela se mostrou, nas provações, sempre doce e sempre disposta a escolher o rebaixamento, em vez da exaltação.

Oração

5. Ó virgem santíssima, ó gloriosa Maria, ó mãe, vós sois a porta do paraíso, a fonte da vida, o templo do Senhor, o santuário amado do Espírito Santo. Tudo quanto posso ver de graça e de beleza nas criaturas humanas da terra, tudo quanto encontro de sublime e de grande nos santos unidos a Deus no céu, tudo isso posso aplicar, sem erro, à vossa excelência e à vossa dignidade. É muito justo e conveniente, com efeito, que me aplique também eu, e comigo todas as criaturas, a louvar sem cessar aquela que escolhi como advogada e como mãe, não só aqui na terra, mas também lá em cima no céu na outra vida, a fim de merecer por ela a glória eterna. A glória de Jesus, seu filho três vezes santo. (*Sermões ao noviços*, Sermão XXV)

Homilia: A oração vocal e as invocações

I. Cada pensamento é uma coisa real, uma força. Esta força atua sobre o próprio corpo. Sê, pelo pensamento, forte e ágil: teu corpo não será jamais fraco. Este poder latente que está em nós se aviva pela oração e se exalta em seu poderio. Quando é traduzida pela palavra, esta oração interior adquire um duplo poderio. Eis a virtude da oração vocal.

II. Mas isto deve ser uma oração e não uma recitação. A verdadeira oração vocal é aquela que é ditada pelo coração e pela inspiração. No entanto, como nem todos são poetas nem oradores, nós recorremos às orações da Liturgia e da Igreja, inspiradas pelos santos.

III. Eis as verdadeiras orações e as autênticas invocações, agradáveis a Deus. O Ofício da Virgem é, junto com o Rosário, a grande oração vocal e a grande invocação que toda alma devota deveria repetir muitas vezes. Amemos as orações litúrgicas.

Meditação: As orações jaculatórias

As orações jaculatórias são aspirações breves, que lançamos como flechas em direção ao céu, diz São Francisco de Sales. São impulsos e são relâmpagos. Elas arrebatam a alma para o alto e arrastam os outros.

Ora, trazer aos outros uma esperança, um conforto, constitui uma ato de virtude heroico, uma obra de misericórdia que nos aproxima de Deus. Pelo contrário, desestimular ou recriminar é trabalhar contra si mesmo e trespassar-se a si mesmo com as flechas destinadas a ser lançadas para o céu.

As invocações a Maria, as Ladainhas da Virgem são as verdadeiras orações jaculatórias que deveríamos ter constantemente nos lábios.

Lembremo-nos delas quando nos sentimos deprimidos ou simplesmente tentados.

Prática – Habituar-se a dizer, com o coração, diversas vezes durante o dia: *Ave Maria!*

Pensamento – Clamamos as vós, ó Maria! *Ad te clamamus, o Maria.*

Capítulo 28

A mediação de Maria junto a Deus

Sumário
– I. Apelo de Maria oferecendo-se como mediadora.
– II. Resposta do fiel que se considera indigno.
– III. Confirmação da advogada e da mãe.

I. O discípulo

1. A graça está derramada sobre vossos lábios, ó Maria! Oh! Sim, minha soberana e minha mãe, falai, falai à minha alma, vós que sois tão doce e tão compassiva para com os pobres pecadores.

Maria

2. Sim, meu filho, sou a mãe de misericórdia com o coração sempre cheio de compaixão; sou a escada misteriosa dos pecadores, sou a esperança e o perdão dos culpados, sou o consolo das almas aflitas, sou a alegria e a fruição dos bem-aventurados. Vinde a mim, vós todos que me amais, vinde e sereis repletos de minhas consolações. Vinde, porque tenho piedade de todos os que me invocam; vinde a mim, vinde todos, justos e pecadores; vinde, eu pedirei por vós a Deus Pai, pedirei também ao Filho eterno, meu filho, a fim de que vos perdoe a todos pelo Espírito Santo.

3. Eu vos chamo a todos e vos aguardo a todos; desejo ver-vos todos chegando até mim. Não desprezo nenhum pecador; pelo contrário, alegro-me com os anjos do céu, por aquele que se converte e retorna. Assim produz frutos o sangue de meu doce filho, oferecido a Deus pela salvação do mundo inteiro.

4. Vinde a mim, portanto, vinde, filhos dos homens, meu coração de mãe vos defende junto a Deus. Carregarei sobre mim sua cólera irritada, se for preciso, e o apaziguarei até vos perdoar. Mudai de caminho e convertei-vos a Deus! Ofendestes seu amor e sua graça, mas pedi perdão e eu vos obterei a indulgência e a paz. Eis que fui, pelo próprio Deus, instituída mediadora entre o céu e vós, entre o mundo e Deus.

II. O discípulo

5. Ó palavra cheia de graça e de doçura! Ó palavra suave ouvida do próprio céu, palavra que conforta, palavra que consola, verbo que alegra o pecador e o justo, voz de uma mãe, voz que ressoa no coração como uma doce harmonia no céu!

6. E donde me vem hoje esta honra: que a mãe do meu Salvador se digne ela própria descer para me falar? Sim, vós sois bendita, ó minha mãe, e vossa voz é uma bênção. Vós tendes na voz o leite e o mel; o perfume de vossas palavras supera em suavidade todos os perfumes do universo. Minha alma desfale-

ce ao som de vossa voz, e meu ser, todo inteiro, exulta na alegria, porque me trazeis, ó mãe, o regozijo.

7. Eu estava triste e vossa voz me serenou, voz tão doce que parece vir do céu. Eu estava triste, acabrunhado, na desolação, e vós me ergueis e me confortais. Estendeis para mim vossas mãos, me tocais e eu me sinto curado de minha enfermidade. Eu mal podia falar e agora me sinto levado, na magnificência, a repetir e proclamar vossos louvores. A vida me era pesada, e agora a própria morte não me amedronta mais, porque sei que sois minha advogada junto a Deus.

8. Sim. Confio-me, eu mesmo e minha causa, à vossa ternura, ó mãe, agora, para o futuro, amanhã e a todo momento. Desde o dia em que falastes ao órfão, fui transformado em um homem novo e senti em minha alma uma força nova. Eu estava abatido, sem esperança e sem vida: ao vosso apelo, ó minha mãe, senti em mim uma força nova, uma nova alegria que vinha me reerguer e pôr-me de pé.

III. Maria

9. O que há, meu filho? Onde estão teus inimigos? Vai, nada temas; eu velarei por ti. Eu te asseguro por meu filho, Jesus, teu irmão, que se faz ele próprio teu pontífice, tua vítima e teu intercessor. Confia-te a ele e não tenhas medo, porque, se está à direita do Pai, como juiz, ele é ao mesmo tempo, no céu, o senhor da morte e o autor da vida.

10. Gerado pelo Pai desde toda a eternidade, ele se encarnou, no tempo, em meu seio, para vir trazer a Redenção ao mundo. Só ele é, portanto, a fonte de toda esperança, a causa de toda doce consolação, o fundamento de toda grande vitória. Que Jesus e Maria, portanto, estejam sempre, ó meu filho, vivos em nossa lembrança e não temerás os dardos do inimigo. (*Solilóquio da alma*, cap. XXIV)

Homilia: O papel de Maria na Igreja

I. Repete-se muitas vezes que Maria é a mediadora entre Deus e os homens, sem dar-se conta exatamente deste papel de mediação. A mediação de Maria é apenas uma intervenção, ao passo que a de Jesus é uma imolação. Maria é uma advogada que intercede: Jesus é o mediador que paga.

II. Mas a intervenção de Maria, mesmo como advogada, é uma força: força para nós, porque ela se distingue em nos erguer. Nossa alma, assim confiante, atua sobre nosso próprio corpo e o exalta. O hábito do esforço mantém o vigor da fé e a força do amor.

III. O papel de Maria na Igreja é também um papel de inspiradora de beleza, de geradora de encanto e de criadora de poesia. Estas palavras dizem mais na vida espiritual do que significam na vida real. As religiões nas quais o culto da Virgem não floresce são religiões frias e desprovidas de graça. Por isso, Maria é chamada pela Igreja: *Causa nostrae laetitiae*, ou seja, a causa da nossa alegria.

Meditação: A misericórdia de Maria

Misericordiarum Mater: a mãe das misericórdias, esse é o título que a Liturgia dá a Maria. Por misericórdia, entende-se aqui a compaixão maternal ou a intervenção maternal de Maria em favor dos homens.

A misericórdia verdadeira só pertence a Deus. Só ele tem o direito de graça e de perdão; mas ele gosta de exercê-lo por intermédio de sua mãe. O dom reveste assim mais doçura e encanto.

Maria recebeu, ela própria, de Deus todas as misericórdias, ou seja, todas as graças que uma criatura pode receber: graças do corpo, graças do coração, graças do espírito.

Ó Maria, sede para nós a mãe terna, a mãe doce, a mãe toda misericordiosa!

Prática – Ter compaixão de todos os infelizes e dar-lhes muitas vezes esmola.

Pensamento – Mãe de misericórdia, rezai por nós! *Mater misericordiae, ora pro nobis.*

Capítulo 29

A intervenção divina de Maria

Sumário
- I. Apelo do fiel a Maria para pedir-lhe sua ajuda.
- II. Resposta de Maria oferecendo seu socorro por intermédio de Jesus.
- III. Agradecimentos e louvores do fiel.

I. O discípulo

1. Feliz momento quando vos dignais, ó Maria, visitar minha pobre alma entristecida! Não me façais aguardar por um tempo demasiado longo esta visita, ó mãe, a fim de que eu possa ouvir vossas palavras de consolo. Vossas palavras me elevam e me inflamam: reaquecem o coração e iluminam o espírito. Ditosa mãe, ó Maria, a única que podeis, a todo tempo, nos dar a todos os vossos filhos o leite da consolação, como outrora dáveis o leite de vosso coração a Jesus, vosso filho. Vós não recusais a ajuda compassiva a quem vos suplica: além disso, concedeis vosso socorro aos que vos ofendem.

2. Ó mãe de ternura e mãe de suavidade, mãe de misericórdia e mãe de caridade! Virgem incomparável e digna de ser amada, única mãe que merecestes ter como filho, aqui na terra, o próprio Filho de Deus nascido de vós! Vós sois ao mesmo tempo uma mãe para todos e uma mãe para cada um de nós, e dais, a

todos e a cada um, sua parte de vosso coração e sua porção de vosso amor.

3. Ó virgem bendita entre todas as virgens, mãe dos homens e soberana dos anjos, vinde, livrai-me do peso dos meus pecados e levai-me para longe da terra, para junto de vós. Derramai em minha alma enternecida vossa graça, semelhante ao orvalho do céu que vivifica, a fim de que, desde aqui na terra, eu possa sentir que sois a mãe da misericórdia.

II. Maria

4. Eu sou, ó meu filho, a mãe do belo amor, dos doces temores e das ternas palavras, sou a mãe das verdadeiras consolações. Exulta em teu coração ao ouvir meu nome, inclina para mim a cabeça e manda-me uma saudação: honras o filho ao honrar a mãe. Eu sou, ó meu filho, a mãe de Jesus e este título é minha glória para toda a eternidade.

5. Sonha com o que é Jesus – Ele é o filho de Deus, o salvador de todos, o rei do céu e da terra. Ele é a esperança dos justos e a paz dos afáveis; ele é a força dos fracos e o caminho dos errantes. Ele é o apoio dos oprimidos pela infelicidade; ele é o socorro dos que sofrem tribulação; ele é o refúgio de todos os que têm o coração bom.

6. Bendize, portanto, meu filho, o Filho e a mãe, bendize e em troca serás bendito pelo Pai. Presta honra e glória a Jesus sempre, toda as vezes que me honrares a mim mesma. Sua glória é minha alegria e sua honra é meu louvor. Coloca-me como um selo sobre o teu co-

ração, como um selo igualmente sobre teus braços. Em todos os teus trabalhos e em todos os teus lazeres, no meio de tuas alegrias e, no auge das tristezas, oxalá o nome de Jesus e o nome de Maria estejam sempre em teus lábios e sempre em teu coração.

III. O discípulo

7. Oxalá todos os povos e todas as línguas, oxalá todas as tribos vos sirvam, ó Maria! Oxalá todas as criaturas se inclinem diante de vós! Oxalá o céu vos diga: alegrai-vos, ó Maria, durante a eternidade; e oxalá a terra responda: alegrai-vos durante a eternidade e no além. Que todos os santos proclamem vosso nome, ó mãe, vosso nome sublime, e que todos os bem-aventurados exultem diante de vós e diante e vosso filho, nosso Senhor e nosso mestre eterno. (*Solilóquio da alma*, cap. XXV)

Homilia: O poderio e os poderes de Maria

I. O poderio e o poder são prerrogativas da soberania. Mas estas prerrogativas podem nunca ser exercidas. Existem soberanos com o coração duro e a alma distraída. Maria é uma soberana, mas também uma mãe. Se é tão agradável e tão belo ver, na História, rainhas que unem ao prestígio da realeza o privilégio da beleza e o encanto da ternura, o que podemos imaginar de Maria?

II. O poderio lhe pertence, enquanto Corredentora do gênero humano, como proclama a Liturgia: *exaudietur pro sua reverentia*. O exercício deste poderio lhe é facilitado por sua ternura para com os que são seus filhos, adotados na pessoa de São João no Calvário.

III. Os poderes de Maria se estendem aos favores espirituais, mas repercutem às vezes nas graças corporais. Tanto os favores espirituais quanto as graças corporais só são concedidos aos corações puros e às almas dispostas às ascensões ativas rumo ao céu. A Assunção de Maria deve ser o modelo de nossa ascensão para Deus.

Meditação: A intercessão de Maria

Interceder é intervir com súplicas em favor de alguém, mas também com a esperança de um direito. Maria, a título de rainha do céu e mãe dos homens, intervém em nosso favor, quando lhe pedimos sua intercessão.

No belo Ofício litúrgico da Virgem, inspirado na Escritura, dizemos a cada salmo: *O Maria, intercede pro nobis, ad Dominum Deum nostrum*. Ó Maria, intercedei por nós junto àquele que é vosso Senhor e vosso Filho, mas que é nosso Deus.

Falamos com Deus como se fala com um Soberano e com um Juiz; mas vós falais com ele como se fala com um Filho e com um Protetor. Por isso, recorremos à vossa intercessão, ó Maria, ó nossa mãe!

Prática – Um costume santo e salutar consiste em trazer o rosário ou uma medalha de Maria.

Pensamento – Dirijamo-nos a Jesus por Maria! *Ad Jesum per Mariam.*

Capítulo 30

A eterna realeza de Maria

Sumário
- I. Glórias de Maria no céu.
- II. Privilégios de Maria na terra.
- III. Exortação ao amor a Maria.
- IV. Oração para pedir a Maria que sejamos colocados junto a ela no céu.

I

1. Sobre a cabeça de Maria, semelhante à de uma rainha, está posta uma coroa de doze estrelas. Estas doze estrelas, na fronte de Maria, são as doze prerrogativas da rainha e da mãe, junto a Deus no céu. Ela possui, com efeito, na Igreja triunfante, acima de todos os espíritos bem-aventurados, quatro prerrogativas particulares, que são: poder atender favoravelmente com mais bondade, condescender com mais misericórdia, intervir por nós com mais poder e socorrer na terra com mais facilidade.

2. Ela tem, do mesmo modo, na Igreja triunfante, quatro privilégios eminentes entre todos: ela é resplendente em brilho mais do que tudo; está colocada na glória acima de tudo; é amada com ternura mais do que tudo; é honrada com fervor mais do que tudo.

3. Maria possui ainda, junto à Trindade, quatro favores particulares, que para ela são como estrelas superiores às outras estrelas. Melhor, com efeito, do que todos os que podem contemplar a glória da Trindade divina, ela contempla claramente a própria Trindade. Ela conhece com mais alegria suas doçuras; ela escruta com mais profundidade seus mistérios, ela saboreia com mais encanto suas delícias.

II

4. Ouve também, ouve com devoção aquilo que o maior dos servos de Maria, o doutor de palavra suave São Bernardo, diz a seus religiosos, acerca das estrelas que formam uma coroa na fronte da Virgem: Ninguém pode estimar a importância das gemas e ninguém pode contar o número das pedras preciosas que ornamentam o diadema de Maria no céu. É um empreendimento superior às nossas forças examinar o valor ou escrutar a composição de sua brilhante auréola; nós o empreenderemos, no entanto, com modéstia.

5. Sem querer penetrar os segredos do Senhor, parece que podemos ver nas doze estrelas as doze prerrogativas de nossa mãe. Com efeito, encontramos, na Virgem Maria, privilégios concedidos à sua alma, privilégios infundidos em seu coração e privilégios associados a seu corpo. E, se multiplicarmos este número de três pelo número das quatro maravilhas conhecidas, encontraremos o número doze das estrelas que brilham na fronte de nossa rainha Maria.

6. Encontramos estas maravilhas em seu nascimento, na saudação que ela recebeu do anjo, na obumbração que lhe veio do Espírito, na concepção, enfim, do próprio Jesus. E o santo doutor continua enumerando as circunstâncias da vida de nossa mãe, para as quais a graça trouxe seus favores.

III

7. Meditemos, portanto, muitas vezes e com piedade, sobre a vida e sobre as ações de Maria e, em seguida, cantemos hinos e cânticos em sua honra, nos dias de suas solenidades. Aproxima-te do altar e, diante de sua imagem, inclina tua fronte, dobra os joelhos diante dela, como se visses então a própria Maria presente diante de ti. Ergue os olhos e contempla em visão Maria falando com o anjo, ou ainda Maria com seu filho Jesus sobre os joelhos. Dize então, em um impulso de amor confiante, contemplando a mãe de misericórdia:

Oração

8. Ó piedosíssima virgem Maria, mãe de Deus, ó rainha do céu, senhora da terra, ó vós, alegria dos santos e salvação dos pecadores, ouvi os apelos de nossos corações arrependidos! Acolhei os desejos de nossas almas orantes! Vinde em auxílio dos pobres e dos enfermos! Reconfortai a coragem dos aflitos! Protegei vossos filhos contra seus inimigos! Libertai-os das emboscadas dos demônios e levai-os para junto de vós para a beatitude, no céu onde reinais com vosso filho, no meio dos eleitos, por toda a eternidade". (*A disciplina claustral*, cap. XIV)

Homilia: A realeza do coração

I. Tudo se vende e tudo se compra na terra: o poder, o favor, o ouro, a própria consciência. Só o coração não se vende: ele se dá ou não se dá, moldado aliás com uma parcela do coração humano de realeza. Disse também o grande orador: o coração é a totalidade do homem: o coração é a razão de ser da mulher. O coração de Maria é o maior dos corações, após o Coração de Jesus. O coração do próprio Jesus não é formado aliás com uma parcela do coração humano de Maria?

II. O Coração de Jesus, aliás, unido à divindade na pessoa de Cristo, transmitiu por seu contato com o coração de sua mãe algo de sua grandeza e de sua beleza ao de Maria. Maria é, portanto, rainha pelo coração, como é rainha por seu destino humano. Seu coração vibra com mais força do que o coração de uma criatura. Ele é menos sublime do que o coração de Deus, mas é único entre o céu e a terra.

III. Oh! Como é doce sentir-se próximo deste coração que amou com um amor de mãe um Menino-Deus e que ama, com um mesmo amor maternal, todos os filhos do homens.

Meditação: A perenidade do amor

O amor não é um simples sentimento: é uma força gigantesca. As mulheres guardam um poder que não conhecem. Só Maria soube o que o amor de uma mãe tem de poder. Saber amar, e amar sempre, é a vida ardente, a vida ativa, a vida simplesmente. Não amar é estar morto.

O amor se dirige à criatura animada que vibra e não à criatura inanimada ou inativa. O amor supõe a beleza e, às vezes, a cria ou a exalta.

Amemos Maria! Ela tem a beleza, ela tem a graça e ela tem o encanto. Nenhuma criatura a iguala: nenhuma mulher a supera. Ela vem em segundo lugar depois de Deus, como canta Dante.

Digamos-lhe, portanto, com o divino poeta: Ó mãe, ó rainha, ó Maria, ajudai-nos a vos amar, ajudai-nos a vos louvar! Vos sois a beleza, a *beltà*, e nós não podemos admirar-vos suficientemente. Vos sois a bondade, a *bontà*, e nós não podemos louvar-vos suficientemente.

Nós vos dizemos, portanto, a única palavra digna de vós, a palavra vinda do céu, a palavra do Arcanjo: *Ave Maria*!

Prática – Imitar os primeiros cristãos e repetir muitas vezes o Ofício litúrgico da santa Virgem.

Pensamento – Ó Maria, bendizei-nos, a nós e a nossa família. *Nos cum prole pia, benedicat Virgo Maria!*

Aqui termina o piedoso livro da Imitação da Virgem Maria, devotamente traduzido e transcrito pelo Melodista Albinus.

Conecte-se conosco:

 facebook.com/editoravozes

 @editoravozes

 @editora_vozes

 youtube.com/editoravozes

 +55 24 2233-9033

www.vozes.com.br

Conheça nossas lojas:

www.livrariavozes.com.br

Belo Horizonte – Brasília – Campinas – Cuiabá – Curitiba
Fortaleza – Juiz de Fora – Petrópolis – Recife – São Paulo

EDITORA VOZES LTDA.
Rua Frei Luís, 100 – Centro – Cep 25689-900 – Petrópolis, RJ
Tel.: (24) 2233-9000 – E-mail: vendas@vozes.com.br